나를 피곤하게 만드는 것들에
반응하지 않는 연습

나를 피곤하게 만드는 것들에
반응하지 않는 연습

구사나기 류슌 지음 | 류두진 옮김

위즈덤하우스

모든 괴로움은
마음의 반응에서 시작된다

살다 보면 정말 별의 별일을 다 겪게 됩니다. 인생이 참 만만치 않다는 말을 실감할 때가 한두 번이 아니지요. 하지만 어떤 위기 상황에 처하더라도 원인만 제대로 파악한다면 반드시 극복해낼 수 있다는 것을 잊어서는 안 됩니다.

사실 모든 고민은 '단 하나의 근원'에서 비롯됩니다. 고민의 근원만 알아낼 수 있다면 어떤 고민이든 반드시 해소할 수 있습니다. 이 책을 통해 여러분에게 가장 전해주고 싶은 이야기가 바로 그것입니다.

그렇다면 애초에 우리들이 항상 마음속에 품고 있는 '고민'이란 무엇일까요?

- 사는 데 쫓겨 항상 마음에 여유가 없다.
- 지금 하는 일이 만족스럽지 않다.
- 미래를 생각하면 불안하다.
- 끔찍한 일, 불행한 사고, 실패가 거듭되어 침울하다.
- 성격이 맞지 않는 사람이 있어 스트레스를 받는다.

언뜻 보면 모든 문제가 혼자서는 감당하기 힘들어 보이고 해결하는 데 꽤나 시간이 걸려 보입니다. 하지만 실제로는 그렇지 않습니다. 이 모든 고민들은 바로 '마음의 반응'에서 비롯됩니다. 마음의 반응이라는 말을 듣고 그것이 무엇인지 단번에 감을 잡는 사람이 얼마나 될까요? 그렇지만 사실 우리들의 일상은 마음의 반응으로 이루어지고 있다고 해도 과언이 아닙니다.

예를 들어 아침에 엄청나게 붐비는 지하철에서 출근 전쟁을 치르는 상황에 진절머리가 났다고 해봅시다. 이는 마음을 우울하게 만드는 반응입니다. 개념 없는 상대방의 태도에 화가 난다면, 이는 분노를 낳는 반응이지요. 중요한 자리에서 실수하는 모습을 떠올리며 부정적인 상상을 한다면, 이는 불안이나 긴장을 만들어내는 반응입니다. 사람을 만날 때, 일을 할 때, 밖을 걷고 있을 때도 마음은 늘 반응하고 있습니다. 결과적으로 늘 짜증이나 침울함, 앞날에 대한 불안이나 압박감, 실수로 인한 쓰라린후회 등 '고민'이 생기게 됩니다.

고민의 시작점에는 반드시 '마음의 반응'이 있습니다. 마음이나도 모르게 움직이는 것이야말로 고민을 만들어내는 '단 하나의 근원'입니다. 그렇다면 모든 고민을 근본적으로 해결할 수 있는 방법을 생각해봅시다. 바로 '헛되이 반응하지 않는' 것입니다.

헛되이 반응하지 않는다면 인생이 얼마나 편해질지 상상해보세요. 쓸데없는 감정에 동요하지 않고, 침울해하지 않고, 화가나지 않습니다. 압박감을 느끼지 않게 되고, 남들 앞에서도 긴장하지 않게 됩니다. 과거를 돌이키며 후회하지 않고, 앞날에 불안감을 느끼지도 않습니다. 그렇게 되면 마음은 한결 가벼워지고그만큼 행복은 가까워지겠지요. 이것이야말로 인생의 구원이아닐까요?

하지만 반응하지 않는 것이, 무리하게 참거나 무시하거나 무관심으로 일관하는 것이라 착각해서는 안 됩니다. '반응하지 않는 연습'이란 고민을 늘어나게 만드는 헛된 반응을 '애초에 하지않는' 연습입니다. 분노나 불안, 자신을 자책하는 어두운 기분이생긴다면 재빨리 해소해야 합니다.

우리는 지금까지 살면서 쓸데없는 반응 때문에 쓰라린 실패와 고민을 떠안고 살아왔습니다. 이제부터 헛되이 반응하지 않는 삶을 살아가기 위한 방법을 알아보도록 합시다.

반응하지 않는 연습을 알려준 사람은 바로 고대 인도의 현자인 '깨달음을 얻은 자' 붓다입니다. 우리는 그에게서 마음의 헛된 반응을 멈춤으로써 일체의 고민과 괴로움을 없애는 방법을 배울 수 있습니다. 그 방법은 크게 두 가지로 나뉘는데, 먼저 마음의 반응을 살펴보는 것이고, 다음으로는 합리적으로 생각하는 것입니다.

'마음의 반응을 살펴보는 것'은 우리의 마음을 제대로 바라보기 위한 명상이나 좌선 등을 말합니다. 신기하게도 마음의 반응과 작용을 잘 살펴볼 수 있게 되면 술렁였던 마음이 평온해집니다. 스트레스 해소와 기분 전환에 안성맞춤인 방법이라고 할 수 있지요. 이 방법을 실천하려는 분은 반드시 1장을 읽어보시기 바랍니다.

다음으로 '합리적으로 생각하는 것'은 목적과 이치에 맞게 생각하는 방법을 말합니다. 이 책의 목적은 우리가 삶을 살아가면서 헛되이 반응하지 않고 쓸데없는 고민을 늘리지 않는 방법을 알려주는 것입니다. 그러기 위해서는 먼저 일상에서 우리가 겪게 되는 보편적인 어려움을 붓다의 가르침에 비추어 생각해볼 필요가 있습니다.

- [2장] 쓸데없이 판단하지 않는다. 어떤 때라도 나 자신을 부정

하지 않는다.

- [3장] 불만이나 스트레스와 같은 부정적인 감정으로 괴로워하지 않는다.
- [4장] 타인의 시선에 신경 쓰지 않고 나답게 살아간다.
- [5장] 승패나 우열에 집착하는 성격을 버린다.
- [6장] 이제부터 마음속에서부터 받아들이는 인생을 지향한다.

이 책에서는 인생의 지혜가 넘치는 붓다의 명언을 알기 쉽게 풀어두었습니다. 그 주옥같은 말들을 여러분의 일상 속에서 활용해 스쳐지나갈 것들에 반응하지 않는 연습을 시작해보세요. 늘 가슴 한구석을 짓눌렀던 고민거리에서 벗어나 여러분의 삶이 평온하게 빛나게 될 것입니다.

이제 더는 괴로워하지 마십시오. 매일 올바르게 생각해서 고민을 해결하는 습관을 들여보세요. 바로 그것이 우리들의 인생에 평안과 만족, 그리고 행복을 가져다주는 가장 중요한 마음가짐입니다. 자, 이제부터 시작해볼까요?

| 차례 |

1장

반응하기 전에 우선, 이해한다

고민은
없애는 것이
아니라
사라져버리는 것

흔히 인생에서 고민은 떼려야 뗄 수 없다고들 말하지요. 그러나 정작 그 고민의 정체를 알고 있는 사람은 많지 않습니다.

막연한 결핍감을 느끼면서 '이대로 괜찮을까?' 하고 생각해도 막상 고민의 정체를 모르니 문제는 좀처럼 해결되지 않습니다. 직장이나 집에서 아쉬움, 분노, 실망, 침울, 불안과 같은 부정적인 감정을 품고 있으면서도 정작 이를 해결할 수 있는 사고법을 모릅니다. 그로 인해 원인 모를 결핍감은 언제까지고 내 안에 머물러 있을 뿐입니다.

이 책에서 말하고자 하는 사고법은 우리들이 평소 안고 있는 고민을 이해하는 데서부터 출발합니다.

① 고민이 있다
② 고민에는 이유가 있다
③ 고민에는 해결책이 있다

이와 같은 순서에 따라 이해함으로써 어떤 고민이든 확실하게 해결할 수 있습니다. 바로 이것이 이 책이 전하고자 하는 합리적인 사고법입니다.

이해하는 것만으로도
고민은 사라질 수 있다

———

먼저 우리들의 평소 속마음을 되돌아봅시다.

- 일이 뜻대로 풀리지 않고, 보람이 없다.
- 인간관계로 애를 먹고 있다.
- 영원히 지워지지 않을 어두운 과거가 있다.
- 내 뜻이 잘 전해지지 않아 스트레스를 받는다.
- 앞으로 어떻게 살아가야 할지 막연한 불안감이 든다.

이밖에도 불의의 사고나 재난, 병, 육아나 가족관계에서 발생하는 문제 등 사람에겐 각자의 고민이 있습니다. 붓다는 사람들이 인생을 살아가면서 경험하게 되는 이런 고민을 여덟 가지 괴로움이라고 표현했습니다.

태어남은 괴로움이다.
늙음도 괴로움이요, 병듦도 괴로움이요, 죽음도 괴로움이다.
미운 사람과 만나는 것도 괴로움이요, 사랑하는 사람과 헤어지는 것도 괴로움이요, 욕심을 채우지 못하는 것도 괴로움이다.
뜻대로 되지 않는 인간의 마음 또한 괴로움이다.

여기서 말하는 괴로움은 고대 인도어로 '둑카Dukkha'라고 합니다. 고난이나 역경을 뜻하는 두Du와 메워지지 않는 공허함을 뜻하는 카Kha를 합친 말이지요. 삶이란 결코 만만치 않다는 진리가 실감나게 전해지는 표현이지 않나요?

이러한 사고법의 특징은 인간의 삶은 고민에서 벗어날 수 없다는 것을 인정했다는 데 있습니다. 매일같이 느끼는 결핍감, 괴로움, 우울함이 본디 우리 안에 존재한다고 인정하는 것이지요. 이와 같은 명쾌함과 합리성이 불교의 특징입니다.

어떤 사람은 현실을 받아들이는 것이 괴로울지도 모릅니다. 하지만 그렇지 않습니다. 받아들이는 것이 아니라 있는 것을 있다고 그저 이해하면 됩니다. 자신에게 고민이 있고, 풀리지 않는 문제가 있음을 확실히 자각해야 합니다. 하지만 무엇보다 반드시 해결할 수 있다고 생각하는 것이 중요합니다.

우리들은 지금까지 정체를 알 수 없는 무엇인가를 막연하게 고민하며 살아왔습니다. 내 안에 있는 결핍감이 무엇인지 확실히 자각할 수 없었기 때문에 언제나 마음이 개운치 않은 상태였던 것이지요.

하지만 내 안에 결핍감과 고민이 있다는 걸 이해한다면 '이제 어떻게 해결할 수 있는가?'라는 쪽으로 사고를 한 걸음 진전시킬 수 있습니다. 우선 있는 것을 있다고 이해하고 내 안에 결핍감과 풀리지 않는 고민이 있다고 자각해봅시다. 괴로움에서 벗어난 홀가분한 삶을 향한 희망은 거기서부터 시작됩니다.

문제를 해결하는 첫 번째 처방전

고민이 있다고 이해했다면 다음에는 '고민의 원인은 대체 무엇인가?'를 생각해봐야 합니다.

삶에는 괴로움이 따르기 마련이다.
괴로움에는 원인이 있다.

괴로움은 제거할 수 있다.

분명히 괴로움을 제거하는 방법이 있다.

불교에서는 이를 '네 가지 진리'라고 부릅니다. 언뜻 들었을
때는 명쾌해 보이지만, 그렇다고 해서 가볍기만한 주장은 아닙
니다. '이렇게 생각해야 고민과 괴로움에서 빠져나올 수 있다'고
제시하는 합리적이고 간단한 사고법에 가깝습니다. 여기서 말
하는 합리적인 사고법이란 '고민이 있다'는 현실을 직시하고 고
민의 원인을 이해해 해결 방법을 실천하자고 하는, 실로 최신 의
학에 견줄 만한 명쾌한 처방전이라고 할 수 있지요.

집착은 일과 인간관계를
어렵게 만든다

———

그렇다면 고민과 괴로움의 원인은 대체 무엇일까요? 불교에
서는 흔히 괴로움의 원인이 집착에 있다고 말합니다. 집착이란
버리지 못하는 마음을 말하지요. 어떻게 해서든 매달리고 고집
을 부림으로써 발생하는 감정으로 분노, 후회, 욕망 등 다양한
형태로 나타납니다. 다만 실제로 집착을 버리는 수행법, 흔히 말
하는 좌선이나 명상을 통해 되돌아보면 괴로움의 좀더 근본적
인 원인을 알 수 있습니다.

사람은 왜 고민과 집착을 버리지 못할까요? 왜 항상 온갖 문제를 떠안고 살까요? 생각하면 할수록 그런 괴로운 현실을 만들어내고 있는 것이 '마음의 반응'이라는 사실이 분명해집니다. 우리들은 항상 일상생활 속에서 반응하고 있습니다. 늘 무엇인가를 생각하고, 싫은 감정을 느끼면 나도 모르게 화를 냅니다. 뜻대로 되지 않는 현실에 초조해하기도 하고, 타인의 시선을 느끼면 '내가 뭔가 잘못했나?'라고 의심하거나 불안에 빠지기도 합니다. 이런 것들이 모두 마음의 반응입니다.

그렇다면 이 마음의 반응은 어떤 결과를 가져오게 될까요? 나도 모르게 발끈해서 화를 내는 행동은 인간관계를 깨뜨립니다. 중요한 자리에서 긴장하는 바람에 진짜 능력을 발휘하지 못하고 실패하는 경우도 있습니다. 불쾌한 과거를 무심결에 떠올리고 '그때 그렇게 했다면'이라고 후회하며 괴로워하기도 하지요. 나도 모르게 생각이 앞서나가 '역시 나는 안 되는 인간이다'라고 우울함에 빠지기도 합니다. 이런 생각들 역시 모두 마음의 반응입니다. 결국 고민을 만들어내는 것이 바로 마음의 반응인 것입니다.

'정말 그 말대로다. 나는 항상 반응하고 있다. 잠시 참고 지나가면 된다는 걸 알고 있지만, 무심코 반응하고 말기에 고민하는 것이다'라며 수긍하는 사람이 분명히 있을 것입니다. 사람이라면 누구나 가슴 한편에 짚이는 구석이 있을 법한 이야기입니다.

마음의 반응이야말로 모든 고민의 정체입니다. 마음의 반응이야말로 인생의 괴로움이며 고민을 초래하는 원인입니다. 그렇다면 우리들이 명심하고 매일 실천해야 하는 것은 단 한 가지, '헛되이 반응하지 않는 것'입니다.

헛된 반응에서
자유로워지는 지혜

———

사람은 고민에 직면했을 때 나도 모르게 반응하고 그 고민에 맞서려 합니다. 불쾌한 상대, 뜻대로 되지 않는 현실에 정면으로 마주서서 어떻게든 상황을 바꾸고 극복해내려 발버둥을 칩니다.

그러나 살다 보면 현실과 싸워 이기는 경우는 거의 없다는 사실을 자연스럽게 알게 됩니다. 여러분이 어떤 지위나 권력, 재산을 손에 넣더라도 또는 지금보다 강해지더라도, 뜻대로 되지 않는 현실은 언제나 곁에 머물러 있는 것이지요.

이 책은 2,500년 전에 인도에서 붓다가 설파한 가장 오래 된 가르침인 원시불교를 기본으로 하고 있습니다. 2,500년 전에 붓다가 남긴 "인생에는 괴로움이 따르기 마련이다"라는 말은 불변의 진리입니다. 현실에 맞선다는 발상만으로는 인생의 고단함을 결코 극복할 수 없습니다. 바로 이때가 새로운 삶의 태도와 합리적인 사고법이 필요해지는 시점이지요.

헛되이 반응하지 말라는 말을 들으면 처음에는 '무슨 말인지
는 알겠는데, 어떻게 하라는 거지?'라는 생각이 들 것입니다. 하
지만 헛되이 반응하지 않는 것이야말로 인생의 괴로움을 사라
지게 해줄 가장 좋은 가르침입니다. 이제부터 헛되이 반응하지
않기 위해 우리가 어떻게 해나가야 할지를 하나씩 밝혀보고자
합니다.

문제의
이유에
주목한다

모든 고민은 마음의 반응에서 비롯된다는 것을 아는 것이, 우리의 현재 상태를 있는 그대로 받아들이는 첫걸음이었습니다. 그렇다면 그렇게 반응하게 되는 이유는 무엇일까요?

만약 싫은 것이 있어서 화가 났다고 해봅시다. 이때 분노하는 반응의 이유는 분명합니다. '싫은 것'입니다. 그렇지만 살다 보면 내가 왜 그렇게 반응하는지 모르겠는 상황도 상당히 많습니다. 어떤 사람은 점이나 카운슬링, 인생 상담 등을 통해 갖가지 이유를 찾으려고도 합니다. 그런데 붓다의 지혜를 활용하면 단번에 수수께끼가 풀릴 때가 있습니다. 예를 들어 여러분에게 다음과 같은 고민이 있다고 가정해볼까요.

'최근 주변 사람에게 화를 내는 일이 잦아졌다. 옆 사람이 하는 일마다 너무 눈에 거슬려 어찌할 바를 모르겠다. 예전부터 마음에 들지 않는 일이 많았는데 최근에는 직장 동료나 친구에게도 불만이 심해졌다. 나는 솔직히 스트레스와 욕구 불만이 상당히 쌓였다. 대체 어떻게 해야 이 상황에서 벗어날 수 있을까?'

이런 상황을 주변 사람들에게 상담하면 주로 이런 대답이 돌아오게 됩니다.

"네 마음은 이해하지만 좀더 편하게 사는 게 어때?"

"안 되는 일에 너무 목을 매면 건강에 나빠. 다른 즐거운 걸 생각해봐."

분명히 수긍할 만한 대답이긴 하지만 아무래도 후련하지가 않습니다. 게다가 이렇게 개운치 않은 상태로 일상으로 돌아오면 금세 다시 불만이 쌓입니다. 대체 무엇 때문일까요?

삶은 거센 파도와 같아서

이렇게 막연한 고민이라 하더라도 확실한 해결책이 있습니다. 바로 반응을 만들어내는 진정한 이유까지 거슬러 올라가 생각하는 것입니다.

인간이 품는 불만이나 결핍감에 대해 붓다는 이렇게 말했습니다.

> 괴로움이 무엇 때문에 생기는지를 이해하라.
> 괴로움을 불러내는 것은 쾌(기쁨)를 원해 마지않는 '바라는 마음'이다.

여기에서 말하는 '바라는 마음'이란 말하자면 계속 반응하는 마음의 에너지를 뜻합니다. 살아가는 동안 인간의 마음 깊숙한 곳에서 끊임없이 흐르는 의식과 같은 것이지요.

바라는 마음이 생겨나면 이후 '일곱 가지 욕구'로 갈라지게 됩니다. 일곱 가지 욕구를 현대 심리학의 표현을 빌려 말하자면 생존욕, 수면욕, 식욕, 성욕, 나태욕, 감각욕, 인정욕구 등을 말합니다.

이런 욕구들이 우리들의 마음속에 있다는 사실은 분명합니다. 그렇다면 우리의 인생을 다음과 같이 이해해볼 수 있습니다.

'먼저 바라는 마음이 있고, 그것이 일곱 가지 욕구를 낳고 그 욕구에 자극되어 인간은 반응하게 된다. 때로는 욕구를 채우는 기쁨이, 때로는 욕구가 이루어지지 않는 불만이 생긴다. 그런 순환을 반복하는 것이 인간의 인생이다.'

바라는 마음이 생겨나면서 우리는 기쁨, 슬픔, 실망, 불만에 가득 찬 인생을 보내게 됩니다. 붓다는 이같은 삶의 모습을 범람하는 인도의 강에 빗대어 '거센 물살'이라고 표현했습니다. 얼마나 우리의 삶을 잘 비유한 말인지요.

바라는 마음이 결핍감의 반복이라는 윤회의 홍수를 만든다.
온갖 욕구가 거센 물살이 되어 온몸을 뒤흔들게 된다.
인간은 건널 수 없는 욕망의 진흙탕에 파묻혀 있다.

내 안의 결핍과
타협하는 방법

'바라는 마음'을 불교에서는 '갈애'라고 표현합니다. 계속해서 무엇인가를 바라며, 항상 목이 마르듯 채워지지 않는 마음을 뜻합니다. 분명히 이것은 우리가 살아가면서 실제로 느끼는 감각입니다.

마음이란 애초에 그런 것이라고 이해하는 것이 중요합니다. 마음이란 계속해서 뭔가를 바라며, 그렇기 때문에 계속 목이 마른 법입니다.

만약 그런 마음을 이해하지 못하고 바라는 마음을 곧이곧대로 허용한다면 마음은 결핍감에 사로잡혀 한없이 인생의 변화를 바라게 됩니다. '요즘 너무 허무해. 예전에는 훨씬 즐거웠는데'라며 시도 때도 없이 과거를 회상하고, '이런 일 못해 먹겠네'라며 이직을 반복하게 됩니다. 바람을 피우거나 약물을 복용하는 등 위험한 자극에 손을 대는 경우도 있지요. '내가 여기서 이러고 있을 사람으로 보여?'라면서 어깨에 힘 딱 주고 매우 거만한 태도를 보이기도 합니다.

분명 어떤 것에 대한 바람을 가질 때 가능성이 보이는 경우도 있을 것입니다. 다만 붓다가 우리에게 전하고자 하는 것은, '바라더라도 채워진다고 단정할 수 없는 것이 마음이며, 반응해도 어찌할 도리가 없다는 현실에 대한 이해'입니다.

어차피 마음은 채워질 수 없는 것이라니 허무하다고 느끼는 사람이 있을지도 모릅니다. 다만 마음은 계속 바라는 것임을 이해할 때 불가사의한 심경의 변화가 찾아오는 경우가 있습니다. 즉 '이대로는 안 된다', '뭔가 부족하다'라는 정체 모를 결핍감이나 초조함, 마음의 갈증이 사그라들면서 인생은 원래 그런 것이라는 더 커다란 긍정이 가능해집니다.

남에게 인정받는 것이
정말 중요할까?

그렇다면 '주위에 대한 불만족감'을 '일곱 가지 욕구'를 기준으로 해석해봅시다. 도대체 주위에 대한 불만은 무엇에 기인하는 것일까요?

끊임없는 경쟁 속을 살아가는 우리들에게 가장 절실히 와닿는 것은 '인정욕구', 즉 인정받고 싶은 욕구일 것입니다. 인정욕구는 어렸을 때는 부모님에게 사랑받고 싶다는 소박한 욕구에서 시작되어, 성장함에 따라 칭찬받고 싶다든지 우등생이나 인기 있는 사람이 되고 싶어하는 자의식으로 자라나게 됩니다. 성인이 되면 이 욕구가 다른 사람에게 존경받는 직업과 지위를 원하거나 기술을 연마해 고위직으로 올라가고 싶은 상승욕, 자신이 타인보다 뛰어나다는 우월감이나 자부심 등으로 변하기도 합니다. 반대로 부담감이나 열등감으로 발현되어 스스로 자책하면서 심적인 고통을 느끼게 하기도 하지요.

이런 생각을 만들어내는 것이 바로 자신을 주목해주고 사랑해주고 높이 평가해주기를 바라는 인정욕구입니다. 이런 욕구를 가지고 외부 세계에 반응하면, 주변에는 자신의 기대에 부응해주지 않는 사람들뿐이라고 느끼게 됩니다. 그로 인해 결국 불만을 느끼거나 원인 모를 결핍감에 시달리고, 사람들이든 세상이든 '다 글러 먹었어!'라며 분개하기도 하지요.

결국 타인의 사소한 행동이 거슬려 불만을 느끼게 되는 '괴로움'의 정체는 나를 좀더 인정해주기를 바라는 인정욕구일 뿐입니다. 어떤 사람은 어렸을 적의 서운했던 기억을 성인이 되어서까지 끌어안고 있기도 합니다. 인정욕구가 우리 안에 존재할 수밖에 없는 것이라면, 좀더 건강하게 받아들이는 방법은 없을까요?

우선 자신의 마음을 이해하는 데서 출발해봅시다. '그래 맞아. 내 안에는 다른 사람에게 인정받고 싶은 욕구가 있어. 바로 이 인정에 대한 욕구 때문에 생긴 불만이 자꾸 나를 괴롭게 만든 거야.' 인정욕구는 욕심, 욕망 등으로 바꾸어 표현해도 좋습니다. 이처럼 언어를 통해 객관적으로 이해하고자 노력하는 것이 중요합니다. 그러면 반응은 자연스럽게 가라앉게 됩니다.

다음 장에서 다룰 내용이지만 인정욕구는 남의 시선에 신경을 쓰는 성격 형성이나 질투심, 남과 비교해 우열이나 승패에 집착하는 심리 등 온갖 심적 고민의 원인이 됩니다. 우리의 마음이 반응하는 이유가 바로 이 인정욕구 때문이라는 점을 이해하지 않으면 자신도 모르는 사이에 남의 시선에 신경 쓰고 질투에 사로잡히게 됩니다. 그렇게 되면 남과 비교하거나 경쟁하게 되고, 그 결과에 따라 한껏 들뜨기도 하고 한없이 침울해지기도 하는 등 끊임없이 마음이 동요하는 인생을 살아가게 됩니다.

'있는 것을 있다고 우선 받아들이는 것'이 가장 올바른 마음가짐입니다. 나에게는 인정욕구가 있다고 솔직하게 받아들여봅시다. 그렇게만 해도 신기하게 그토록 나를 괴롭게 했던 불만, 여태껏 지녀왔던 억울함, 서운함이 진정될 때가 있습니다. 지금까지 나를 괴롭혔던 인정욕구라고 하는 '마음의 갈증'의 정체를 알게 된 것만으로도 불만 상태에서 빠져나올 수 있는 것이지요.

마음이 반응하는 원인을 알게 되면 몹시 편안해집니다. 그렇게 되면 '가족이나 주위 사람들에게 인정받은들 대수는 아니다' 라고 말할 수 있을 만큼 모든 일에 대해 매우 냉정하게 생각할 수 있게 됩니다. 정말로 그것이 대체 뭐기에 우리를 이토록 괴롭게 만드는 것일까요?

고민을 희망으로 바꾸는 연습

고민의 이유를 모르면 마음속 괴로움은 언제까지나 계속 이어질 수밖에 없습니다. 반대로 고민의 이유를 바르게 이해하게 되면 고민은 해결 가능한 과제, 즉 희망으로 바뀝니다.

줄곧 고뇌에 빠져 있던 인생이 희망으로 바뀐 인상적인 에피소드를 소개하려고 합니다. 여러 지방을 여행하며 수행하는 행각行脚을 하면서 겪었던 일입니다. 행각을 하던 중 자신의 인생이 왜 괴롭기만 한 것인지 알고 싶어 하는 어떤 부인을 상담하게 되었습니다. 저와 처음 만났을 때는 부인이 70대의 끝자락에 접어들 무렵이었습니다. 부인은 오랫동안 함께 살던 40대 장남이 자신에게 심한 폭력을 일삼다가 결국 집에서 내쫓았다고 말했습니다. 집안에서 열쇠를 걸고 아무도 드나들지 못하게 한 것입니다. 인생의 말년에 부인은, 오갈 곳 없는 신세가 되어버렸습니다. 이후 다행히도 부인은 생활보호 조치를 받고 작은 아파트에서 살게 되었습니다.

어느 여름날 오후, 저는 부인을 찾아갔습니다. 부인은 저에게 "오늘도 내 인생이 왜 이렇게 흘러가는 것인지 답이 보이지 않는다면 여기서 목을 매고 죽을 겁니다"라고 단호하게 말했습니다. 그러고는 천천히 자신이 과거에 겪었던 일을 들려주었습니다. 그러자 부인의 이야기 속에서 지난 세월 동안 부인의 마음에 쌓여 있던 어머니에 대한 원망이 드러났습니다. 어머니의 강요로 일곱 형제 중에서 자신만 학교에 다닐 수 없었고 이후로도 자신에게 가족을 위해 희생할 것을 강요했다고 말했습니다.

부인이 결혼을 하고, 자식을 둘이나 얻었지만 상황은 변하지 않았습니다. "네 일은 집을 돌보는 것"이라는 어머니의 명령에 따라 부인의 자식들은 친척들에게 보내졌습니다. 그러니 부인은 자식들의 어린 시절을 알지 못합니다. 그 탓에 부인은 자식들에게 오랫동안 "당신을 어머니라고 생각하지 않는다"는 말을 줄곧 들어왔다고 합니다.

부인이 말해준 어머니에 대한 첫 기억은 여섯 살 무렵 병원에 입원했을 때의 일이었습니다. 부인은 창가에 서서 계속 어머니가 오기만을 기다리고 있었고, 그때 어머니는 분명 병원 앞까지 왔었다고 합니다. 그런데 이상하게도 어머니는 병실로 들어오지 않고 그대로 돌아가 버렸습니다. '어째서 병실 안까지 들어와 주지 않았던 것일까?' 부인은 그것이 자신이 기억하는 어머니에 대한 첫 추억 같은 것이라고 말했습니다.

부인은 갸냘프고 기품 있는 용모를 하고 있어서 겉으로는 심각한 고민을 안고 있는 사람처럼 보이지는 않았습니다. 그러나 오랜 시간에 걸쳐 점차 자신과 멀어져버린 자식들과의 메울 수 없는 거리감, 그리고 해마다 폭력적으로 변해가는 아들 때문에 계속 마음고생을 하고 있었습니다. 무엇보다 괴로운 것은 왜 상황이 이렇게 되었는지, 자신에게 어떤 문제가 있는 것인지 그 원인을 전혀 알 수 없다는 데 있었습니다.

사실 부인의 마음은 당시의 어머니와 같은 나이가 된 뒤에도 줄곧 어머니를 향해 있었습니다. 마음속에 어머니에 대한 갖가지 원망, 서운함을 안고 있었습니다. 저에게 자신의 이야기를 털어놓으면서, 살면서 줄곧 어머니에게 애정을 갈구해왔다는 것을 알게 된 것입니다. 이제 부인과 자식들이 거리감을 느끼게 된 진짜 이유도 보이는 듯했습니다.

어느덧 날이 완전히 저물어 있었습니다. 부인은 "이미 제 상황이 이런데 이제 와서 극복할 수 있을까요?"라고 물었습니다. 물론 극복할 수 있다고 대답해주었습니다. 그러자 부인은 "어떻게 하면 좋을까요?"라고 저에게 다시 물었습니다.

저는 "우선 자신의 마음을 올바르게 이해해보십시오"라고 대답했습니다. 오늘 하루 부인이 들려준 이야기를 통해, 부인이 오랜 세월 동안 마음속에 품어왔던 괴로움의 이유를 알 수 있었습니다. '올바른 이해'야말로 인생의 고뇌를 해결하는 가장 강력한 지혜입니다. 앞으로 부인에게 남은 일은 과거의 생각과 오늘 하루 동안 느낀 생각을 매일 제대로 바라보는 것, 그리고 자신의 미래를 믿는 것입니다. 그것만으로도 괜찮다고 부인에게 전해 주었습니다.

"알겠습니다. 앞으로는 제 마음을 올바르게 이해하도록 하겠습니다. 그리고 이 괴로움을 극복하는 것을 인생의 목표로 삼아 보겠습니다."

방에 불을 환하게 밝혔을 때 부인은 완전히 생기를 되찾은 상태였습니다. 부인의 눈빛이 달라진 것을 알 수 있었지요. 자신의 마음을 이해함으로써 괴로움에서 완전히 빠져나온 것입니다. 마치 성불하는 순간을 목격한 느낌이었습니다.

부인은 며칠 뒤 양로원을 찾아가 봉사활동을 신청했다고 했습니다. 지금까지처럼 자신이 신세를 지는 것이 아니라, 남을 보살필 수 있는 사람이 되고 싶었기 때문이겠지요. 붓다가 말했던 자애, 즉 '다른 이의 행복을 바라는 마음'을 실천하고 싶었던 것입니다. 내친김에 근처 산책길에서 식물을 돌보는 어르신의 일손도 거들기로 했습니다. 좀더 시간이 지난 후에는 동네 유치원생들과 친해져 함께 풀베기도 하게 되었다고 합니다. 지금도 부인은 종종 전화로 소식을 전해오는데 그때마다 "지금이 인생에서 가장 행복합니다"라고 말하며 즐거워합니다.

한 사람이 인생을 살면서 다시 태어날 수 있는 기회가 있다면 과연 어떨까요? 저는 계속 괴로움에 허우적거리던 인생에서 희망으로 가득 찬 인생으로 바뀐 부인의 이야기에서, 새로운 삶에 대한 가능성을 엿볼 수 있었습니다.

먼저 우리의 마음을 들여다보는 습관을 들여봅시다. 자신의 마음을 올바르게 이해하는 힘은, 새로운 인생을 가능하게 합니다.

사람은 괴로움의 정체를 올바르게 이해해야 한다.

괴로움의 원인을 끊어내고, 괴로움이 없는 경지에 도달해야 한다.

괴로움을 없애는 방법은 반드시 실천해야 한다.

나는 확신을 얻었다.

이제 이전처럼 괴로움에 빠진 상태로 돌아갈 일은 없다.

마음의 상태를
있는 그대로
읽는다

반응하지 않고 우선 이해하는 것이야말로 모든 고민을 해결하는 비결입니다. 특히 마음 상태를 살펴보는 습관을 가지게 되면, 평소의 스트레스나 분노, 침울함이나 걱정 등 헛된 반응을 잠재우는 것이 가능해집니다.

　그렇다면 내 마음의 상태가 어떤지 어떻게 알 수 있을까요? 여기서는 마음의 상태를 살피는 세 가지 방법을 소개하고자 합니다.

- 말로써 확인하기
- 감각을 의식하기
- 분류하기

위에서 언급한 세 가지 방법 모두 헛된 반응을 가라앉히는 데 절대적인 효과를 지니고 있습니다. 일상생활 속에서 꼭 실천해 보시기 바랍니다.

현재 상태를 말로써 확인한다

우선 마음 상태를 말로 확인하는 방법을 알아봅시다. 예를 들어 어려운 사람 앞에서 긴장했다고 하면 '나는 긴장하고 있다'고 마음 상태를 확인합니다. 오랜 시간 텔레비전이나 인터넷으로 시간을 보냈을 때는 '머리가 혼란스럽고 차분하지 않다', '마음이 들떠 있다'고 객관적으로 마음의 상태를 확인해봅니다. 특히 잠시 눈을 감고 내 안의 반응에 집중하면 마음이 침착해지는 것을 알 수 있습니다.

업무 중이나 집에 있을 때도 지금 마음이 어떤 상태인지 의식하도록 합니다. '피곤해', '기력이 떨어졌어', '짜증나', '도무지 생각이 정리되지 않아'와 같은 식으로 객관적으로 내 마음의 상태를 확인하는 것이지요.

말로써 확인하는 것을 불교에서는 '라벨링'이라고 부릅니다. 마음 상태에 이름을 붙여서 객관적으로 이해하는 것이지요. 일상생활에서도 라벨링을 똑같이 실천해봅시다. 청소를 하고 있을 때는 '나는 지금 청소를 하고 있다', 설거지를 할 때는 '설거지를 하고 있다', 걷고 있을 때는 '지금 걷고 있다', 컴퓨터로 작업하고 있을 때는 '작업하고 있다.' 자신의 상태를 있는 그대로 말로 확인하면 됩니다.

이렇게 마음 상태와 행동을 객관적인 말로 확인하는 습관을 들이도록 합시다. 실천해보면 말로 확인할 때 헛된 반응에서 쉽게 빠져나온다는 사실을 알 수 있습니다. 반응에서 빠져나오면 마음은 침착함을 되찾게 됩니다. 자신의 상태를 말로 확인하는 작업은 마음을 건강하게 만드는 가장 손쉬운 방법입니다.

몸의 감각을
의식한다

또 한 가지는 몸의 감각을 의식하는 방법이 있습니다. 스트레스나 피로가 쌓인 상태에서 벗어나 생기를 되찾는 데도 발군의 효과가 있습니다.

우선 눈을 감고 손을 주시해봅시다. 그러면 어둠 속에서 손의 감각이 느껴지는 것을 알 수 있습니다. 그 손을 주시하면서 위로 올려보면, 움직이는 감각이 느껴질 것입니다. 이때 '손의 감각이 느껴진다', '손의 감각이 움직이고 있다'고 의식합니다. 손을 어깨 근처까지 올렸다가 원래 자리로 내립니다. 그동안 눈을 감은 채 손의 감각을 주시합니다.

이번에는 손바닥을 위로 향한 상태에서 다리 위에 올려둡니다. 그리고 주먹을 쥐었다가 펴봅시다. '주먹을 쥐면 이런 감각이 생긴다', '주먹을 펴면 이런 감각이 생긴다'고 각각 확인합니다. 이 동작을 잠시 반복합니다.

다음으로는 의자에서 일어나봅니다. 이때도 신체 감각을 주시하면서 일어납니다. 걸을 때는 움직이는 발의 감각, 특히 발바닥의 감각을 주시하면서 걷습니다. 신체 감각을 주시한다는 마음가짐으로 몸을 움직이면 '감각을 의식한다', '제대로 느낀다'는 의미를 알게 됩니다. 아까와 같은 요령으로 호흡하면서 들숨과 날숨, 코끝을 드나드는 공기의 감각을 느껴봅니다. 평소에는 무심코 움직이던 몸이지만, 신체 감각을 제대로 의식하면서 느껴보는 것입니다.

'말로써 확인하기', '감각을 의식하기'라는 두 가지 방법을 붓다가 살던 시대에는 사티sati라고 불렀습니다. 마음 상태를 잘 살펴보고 의식하면, 헛된 반응은 멈추고 마음은 가라앉으며 깊은 안정과 집중이 가능해집니다.

머릿속을 세 가지로
분류한다

———

머릿속을 분류하는 것은 마음 상태를 몇 가지 종류로 나누어 이해하는 방법을 말합니다. 말로써 확인하는 방법과 비슷하지만 좀더 큰 틀에서 관념적으로 이해한다는 특징이 있습니다. 기본적으로 탐욕, 분노, 망상 등 세 가지로 분류합니다.

먼저 탐욕은 욕구 과잉에 사로잡힌 상태를 말합니다. 알기 쉽게 말하자면 '너무 많이 바라고 너무 많이 기대하는 것'입니다. 초조함이나 인간관계를 둘러싼 불만은 대부분 이렇게 너무 많이 바라는 마음에서 옵니다.

자기 자신이나 다른 사람에게 너무 많은 것을 바라고 있지는 않은지 항상 신경 쓰는 습관을 가졌으면 합니다. 탐욕에 지배당하면 스스로도 괴롭고 자신과 관계된 상대방도 반드시 불행해진다는 사실을 알아두십시오.

탐욕에 사로잡혀 너무 많은 것을 바라는 인간은,

본래는 힘이 없던 번뇌에 무릎을 꿇고 온갖 고뇌를 떠안게 된다.

이는 마치 스스로 깨부순 배의 밑바닥에

물이 스며들어 오는 것과 같은 이치다.

다음으로 분노는 불만과 불쾌를 느끼는 상태를 말합니다. 짜증나고 화나고 스트레스를 받을 때는 '이것은 분노 상태다'라고 이해하도록 합시다.

원래 삶에는 '바라는 마음'에서 비롯되는 분노가 잠재적으로 따라붙는 법입니다. 그렇기 때문에 주위를 둘러보면 일상을 살아가면서 원인 모를 불만을 느끼고 있는 사람이 상당히 많습니다. 하지만 매일 그런 마음을 갖고 산다면 행복한 삶이라고 할 수 없습니다. 따라서 '나는 분노를 느끼고 있다. 하지만 이 분노는 바라는 마음이 만들어낸 근거 없는 분노일 뿐이다'라고 올바르게 이해하고 마음을 가라앉히는 것이 중요합니다.

마음속에 분노를 가진 것이 분명한 사람은 주의할 필요가 있습니다. 마음속에 분노가 있는 사람이란 화를 잘 내는 성격의 사람, 상실의 슬픔을 안고 있는 사람입니다. 마이너스 감정인 슬픔도 분노의 일종입니다. 또한 과거에 대한 미련이나 후회, 좌절감을 계속 끌어안고 있는 사람, 그리고 자기혐오나 콤플렉스처럼 마음의 짐을 짊어지고 있는 사람 등도 포함됩니다.

이런 분노를 자신 안에 그대로 내버려두는 것은 인생의 손해라는 점을 명심합시다. 분노는 마음을 이해하는 습관에 따라 해소될 수 있습니다. 오히려 그대로 내버려두면 분노는 서서히 축적됩니다. 신경질적이 되거나 욕구불만에 빠지고, 까다로운 성격으로 변합니다. 게다가 나이가 들수록 이것이 겉으로 드러나

게 됩니다.

마음 상태를 잘 살펴보고 내 안에 분노가 있다고 느꼈다면 있는 그대로 이해해봅시다. 그렇게 분노를 씻어 흘려보내면 마음이 한결 상쾌하고 가벼워질 것입니다.

주의 깊게 침착함을 유지하는 사람은
분노에 의해 행동과 말, 생각이 들뜨지 않는 사람이다.
그들은 마음의 자유를 잘 지켜내고 있다.

망상은 상상하거나 생각하거나 떠올리는 등 머릿속에서 막연하게 뭔가를 그리고 있는 상태를 말합니다. 이것저것 나도 모르게 쓸데없는 것을 생각하고, 매사에 침착하게 몰두하지 못하는 이유는 바로 망상에 있습니다.

망상에서 가볍게
빠져나오는 요령

───────

여기에서는 망상을 쉽게 해소하는 방법을 살펴봅시다. 망상이야말로 인간이 가장 잘하고 좋아하며, 거의 하루 종일 끊임없이 펼치고 있는 가장 흔한 번뇌입니다. 즐거운 망상만 있다면 좋겠지만, 업무나 집안일 등 할 일이 산더미라고 느껴져 압박감에 짓눌리거나 앞으로 어떻게 될지 두려워 별안간 불안에 휩싸이거나 슬픈 과거를 돌이키며 침울해지는 것 역시 망상에 해당됩니다. 헛된 망상은 서둘러 버리는 것이 가장 좋습니다. 헛된 망상을 멈추기 위해서는 가장 먼저 '지금 망상을 하고 있다'고 객관적인 말로 확인하는 것이 중요합니다. 그렇습니다. 앞서 소개했던 라벨링입니다. 다만 막상 실천해보면 상당히 어렵다는 것을 알 수 있습니다. 왜냐하면 망상은 무의식 중에 빠지는 상태이기 때문입니다. 대개 자신이 망상하고 있었다는 사실을 나중에야 알아차립니다. 늘 좌선 수행을 실천하는 승려들도 망상에서 벗어나는 것을 어려워합니다.

이 책에서는 한 걸음 더 들어가 손쉽게 망상에서 빠져나오는 비결을 알려드리려 합니다. 바로 망상하고 있는 상태와 망상 이외의 상태를 구별하는 것입니다.

예를 들어 지금 눈을 감고 눈앞에 보이는 어둠을 향해 뭔가 떠올려봅시다. 오늘 아침에 먹은 음식이나 어제 저녁에 봤던 텔레비전 프로그램 등 뭐든지 상상해도 좋습니다. 다음에는 눈을 크게 뜨고 앞을 바라봅니다. 그때 방 안이나 바깥 풍경을 잘 주시해보십시오. 그리고 '아, 이게 바로 망막이 빛을 감지하고 있는 상태인 시각이구나'라고 의식합니다.

이때 조금 전까지 뇌리에 떠올랐던 영상은 존재하지 않는 것을 알 수 있습니다. '아까 보고 있던 것은 망상이다', '지금 보고 있는 것은 시각으로 감지한 빛이다'라고 확실하게 의식하기 바랍니다. 이렇게 망상과 망상 이외의 상태를 구별할 수 있는 것이 중요합니다. 망상 대 시각, 망상 대 신체 감각이라고 표현할 수 있겠네요. 그리고 망상과는 전혀 다른 종류의 신체 감각으로 의식을 향하게 합니다. 호흡할 때 공기가 코끝을 드나드는 감각 또는 들숨과 날숨의 감각을 의식해봅니다. 이렇게 망상과 감각의 차이를 의식하면서 감각 쪽으로 의식을 집중시키는 연습을 하다 보면 쉽게 망상에서 빠져나올 수 있게 됩니다.

걸으면서 마음을
청소하는 습관

___

'신체 감각을 의식한다'는 것만 확실히 의식한다면 스포츠, 요가, 등산, 스트레칭 등 몸을 사용하는 어떤 행동이든지 마음을 청소하는 데 활용할 수 있습니다.

특히 출퇴근할 때 길을 걷는 도중이나 전철 안에서 연습해보는 것을 추천합니다. 걷고 있을 때는 '왼쪽, 오른쪽'이라고 머릿속에서 말로 확인하면서 발바닥의 감각을 느끼도록 합니다. 전철 안에 서 있을 때는 코끝을 드나드는 공기의 감각이나 들숨과 날숨의 감각을 '숨을 들이켜고 있다, 내뱉고 있다'고 말로 표현하며 느낍니다.

요즘 스마트폰을 보면서 걷는 행동이 문제가 되고 있는데, 사실 그런 행동은 '적당히 반응하고 있는 것'에 불과합니다. 그러다 보면 나도 모르게 반응하고 망상하는 마음의 버릇이 강화되고 맙니다. 일상이 적당히 반응하는 것만으로 채워진다면 오히려 막연함이나 허무함이 늘어나지는 않을까요?

만약 여러분이 고민을 더는 늘리지 않고 충실한 일상에서 오는 감각을 소중하게 여기고 싶다면 적당히 반응하는 습관과 망상을 줄여야 합니다. 이를 위해 신체 감각을 의식하는 습관을 들이기를 바랍니다.

고민은 항상 마음속에서 생깁니다. 따라서 고민에서 빠져나오기 위해서는 의식을 마음의 바깥쪽에 있는 신체 감각으로 향하게 하는 것이 최선의 방법입니다. 이 연습을 몇 개월 동안 계속해보세요. 어느 사이엔가 머릿속이 깨끗하고 선명해지며 마음이 상쾌하고 가벼워졌다는 사실을 알아차릴 수 있을 것입니다.

마음을 이해하는 편리한 도구

지금까지 소개한 붓다의 사고법을 정리하면 반응하기 전에 우선 이해하라는 내용이었습니다. 먼저 그 내용을 간략하게 정리해봅시다.

- 고민의 원인은 '마음의 반응'이다.
- '마음의 반응'의 배경에는 '바라는 마음'이나 '일곱 가지 욕구'가 있고 그중에서도 특히 인정욕구를 이해하는 것이 중요하다.
- 마음 상태를 제대로 이해하기 위해서는 먼저 말로 확인하고, 감각을 의식하고, 탐욕·분노·망상 세 가지로 머릿속을 분류한다.

이렇게 이해함으로써 괴로움을 만들어내는 헛된 반응을 해소시켜 나갑니다.

우리가 늘 고민에서 빠져나오지 못하는 이유는 자신의 마음이 잘 보이지 않기 때문입니다. 예를 들어 여러분이 마음에 안개 같은 느낌을 품고 있다고 해봅시다. 만약 마음 상태를 살펴본다는 발상을 모른다면 안개가 걷히지 않는 상태는 한없이 계속될 수밖에 없습니다.

이제 자신의 마음에 탐욕, 분노, 망상 중 어느 쪽이 존재하는지를 관찰해봅시다. '욕심이 움직이고 있다', '분노를 느끼고 있다', '이것은 망상이다'라는 식으로 말이지요. 어떤 때는 세 가지 모두에 해당될 때도 있을 것입니다. 그렇게만 해도 안개 속을 걷는 느낌이 사라지는 것을 알 수 있습니다. 이때 여러분이 실천하고 있는 것이 본래의 불교, 즉 마음을 정화하는 수행입니다.

탐욕, 분노, 망상은 예로부터 인간의 삼대번뇌로 여겨졌습니다. 지금까지 전해지는 불교는 이런 번뇌를 경계하라고 설명했습니다. 그러나 붓다가 살던 당시에는 이것들이 마음 상태를 이해하기 위한 도구로 사용되었습니다.

'붓다'란 올바른 이해의 궁극에 도달한 사람이라는 의미입니다. '깨달음을 얻은 자' 또는 '각성자'라고도 불리지요. 이 대목은 불교에 흥미가 없는 사람에게도 중요한 포인트라고 꼭 전해드리고 싶습니다. 올바른 이해란 자신이 옳다고 생각하는 것이 아닙니다. 자기만의 견해나 사고방식으로 이해하는 것 또한 아닙니다. 오히려 반대로 '나는 이렇게 생각한다'는 판단이나 해석, 사안에 대한 견해를 일체 배제하는 것을 말합니다. 있는 것을 있는 그대로 받아들이고 객관적으로, 즉 주관을 배제한 '중립적인' 시선에서 매사를 제대로 바라보는 것을 의미합니다.

올바른 이해에 반응은 존재하지 않습니다. 그저 바라볼 뿐입니다. 동요하지 않고 아무것도 생각하지 않고 가만히 바라볼 뿐입니다. 그렇게 철저하게 깨끗한 마음으로 나와 상대방, 그리고 세상을 이해하는 것을 올바른 이해라고 표현합니다. 올바른 이해야말로 괴로움을 뛰어넘는 길이라는 것을 이제는 이해할 수 있을 것 같지 않은가요?

올바른 이해를 깨친 사람인 붓다가 도달한 경지를 가리켜 '해탈'이라고 부르는 경우가 있습니다. 여기서 해탈은 자유, 해방이라는 의미입니다. 불교, 즉 붓다의 가르침이란 올바른 이해에 따라 인간이 고뇌로부터 자유로워지는 방법을 정리한 것이라고 말할 수 있습니다. 다시 말하지만, 이것은 종교가 아닙니다. 이 책에서 붓다의 가르침을 '합리적인 사고법'이라고 부르는 데는 명백한 이유가 있습니다.

올바른 이해를 통해 사람은 자유로운 마음을 되찾을 수 있습니다. 꼭 실천해서 내 안에 존재하는 원인 모를 결핍감을 해소하고 '이만하면 충분하다'라고 생각할 수 있는 충만한 삶을 되찾아보는 것은 어떨까요?

모든 고뇌는 '바라는 마음'에 의해 생긴다.
고로 그대는 바른 길을 따름으로써 바라는 마음을 내려놓도록 하라.
그리고 두 번 다시 바라는 마음에 사로잡혀 괴로움 가득한 인생으로 돌아오지 마라.

2장

좋고 나쁨을
판단하지 않는 연습

쓸데없는 판단이
고민을 키운다

사람이 고민에 빠지는 이유 중 하나는 지나치게 판단하는 마음 때문입니다.

판단이란 이 일에 의미가 있는지 없는지, 인생은 살 만한 값어치가 있는지 없는지, 그 사람과 자신을 비교하면 어느 쪽이 뛰어나고 뒤처지는지 등 단정을 짓거나 선입견을 갖게 되는 것을 말합니다. '어차피 나 같은 건'과 같은 자학도 판단이고, '실패했다', '최악이다', '일진이 사납다'와 같은 실망이나 낙담도 판단이며 '잘 안 되면 어쩌지?'와 같은 불안이나 망설임, '저 사람은 싫고 상대하기 어렵다'는 인물평 역시 판단입니다. 이런 판단은 불만, 우울, 걱정 등 많은 고민을 만들어냅니다.

만약 헛된 판단을 하지 않는다면 마음은 한결 개운하고 가벼워질 것입니다. 또한 그만큼 인생이 경쾌하고 수월하게 흘러갈 수 있겠지요. 여기서부터는 헛된 판단에서 자유로워질 때 우리가 삶에서 어떤 가능성을 발견할 수 있는지 살펴보도록 합시다.

인생은 온갖 판단으로
가득차 있다

판단이 사람의 마음을 얼마나 구속하고 있는지 지금 한번 되돌아볼까요?

예를 들어 이런 사람들이 있습니다. 어떤 사람은 점을 보는 것을 좋아해서 매사를 운세가 좋고 나쁨으로 판단합니다. 소문을 이야기하는 것을 좋아하고 '저 사람은 이런 사람인 것 같다'며 자질구레한 부분까지 파고듭니다. 사람과 만났다가 헤어진 뒤에는 꼭 그 사람이 좋은 사람인지 나쁜 사람인지, 좋은지 싫은지를 평가하려 듭니다.

또 자신이 반드시 옳다고 믿는 사람이 있습니다. 남의 의견을 전혀 들으려 하지 않고 자기주장만 하는 사람이지요. 그뿐 아니라 다른 사람이 자신의 의견에 반론을 내놓으면 발끈하는 사람도 있습니다. 부모든 상사든 주위에 민폐만 끼치는 친구든 간에, 이런 사람이 여러분 주변에도 있지는 않나요?

판단은 자신의 성격에 영향을 미칩니다. '이래야 한다'는 맹신은 결벽증이나 완벽주의, 지나치게 노력하는 성격을 만들어냅니다. '나는 안 되는 인간이다'라며 스스로 자기부정의 딱지를 붙이기도 합니다. '어차피 실패할 것이 분명해', '나에게는 그만큼의 능력이 없어'라고 혼자서 결론을 내리는 경우도 있습니다. 이것들이 모두 판단입니다.

이렇게 보면 우리들의 인생이 얼마나 판단에 지배당하고 있는지 알 수 있습니다. 누구에게나 예외 없이 지나치게 판단하는 마음이 존재합니다.

깨달은 자는 다른 이의 견해, 의견, 지식이나 결정에 구애받지 않는다.
그는 좋고 나쁨을 판단하지 않는다.
판단에 의해 마음을 더럽히지 않는다.
마음을 더럽히는 원인도 만들지 않는다.
붓다는 바른 길만을 말한다.
그의 가르침을 따르면 '나는 이렇다'라는 자의식으로부터 자유로울 수 있다.

아는 척을 하면
기분이 좋은 이유

어째서 사람은 자신은 물론 다른 사람, 심지어 인생의 목적이나 삶의 의미까지 이리저리 판단하고 싶어 하는 걸까요?

한 가지 이유는 판단하는 것 자체가 기분 좋기 때문입니다. 좋고 나쁨이나 맞고 틀림이라는 판단만으로도 자신이 그 일에 대해 모든 것을 파악했다는 착각에 빠집니다. 이미 결론이 난 것 같아 안심하게 되는 것이지요. 어쩌면 이런 느낌은 '여기에 먹잇감이 있다', '여기에는 적이 많다'와 같이, 수렵·채집 시대에 필요했던 상황 판단의 유전자, 말하자면 본능과 같은 것인지도 모릅니다.

그리고 또 한 가지 이유는 판단을 하면 다른 이에게 인정받은 기분이 들기 때문입니다. 예를 들어 누군가와 싸우고 나서 '그 사람은 이걸 잘못했어', '그 사람이 그랬으니까 이렇게 된 거야'라고 되새기는 경우가 있습니다. 친구에게 전화를 걸어 사정을 설명하고 '그것 참 이상하네. 네가 틀린 게 아닌데'라는 제3자의 보증을 받으려고 하는 경우도 있습니다. 이는 '역시 내가 옳았어'라고 생각하기 위한 행동입니다. 인정욕구를 채우기 위한 판단을 바라고 있는 것이지요. 즉 판단하는 마음의 깊은 곳에는 모든 것을 파악했다는 착각에서 비롯되는 '기분 좋음'과 인정욕구를 채우기 위해 스스로 옳다고 생각하는 행동에서 얻어지는 '쾌락'이 있습니다. 따라서 모두들 판단하는 데 열중하게 됩니다.

판단은 때때로
맹독이 된다

판단이 단지 자신의 기분을 좋게 만들기 위한 것일 뿐이라면 별 문제가 없을지도 모릅니다. 그러나 그런 생각에 너무 집착하게 되면 자기 자신은 물론 다른 사람도 심한 고통을 받게 됩니다.

어느 날 어떤 어머니에게 이런 상담을 받았습니다.

"딸이 공부를 안 해서 큰일이에요. 어떻게 해야 공부 좀 하게 될까요?" 이야기를 들어보니, 딸을 최고의 명문 대학에 보내기 위해 스파르타식 교육으로 유명한 에스컬레이터식 진학 학교에 보냈다고 합니다. 늦은 밤까지 교실에서 자습을 시키고 성적에 따라 수학여행의 행선지조차 바뀌는, 철저하게 성적 중심으로 운영되는 학교였습니다. 어머니는 딸이 잘 되기를 바라는 마음에 그 학교에 보냈다고 말했습니다. 하지만 내심 과거에 자신이 수험에 실패했으니까 딸의 인생으로 만회하고 싶다는 미련이 있는 모양이었습니다.

어머니는 딸에게 있어 기묘한 존재였습니다. 딸을 대할 때 사소한 일로 흥분하는 일이 잦았습니다. 평소에는 딸이 명문 대학

진학율이 높은 학교에 다니는 것을 자랑스러워 했지만, 어떤 날은 '너 같은 게 어차피 합격할 리 없어'라며 모순된 말을 쏟아냈습니다. 또 어떤 날은 갑자기 '너 때문에 서럽다'며 훌쩍훌쩍 울면서 술을 마시는 등 딸 입장에서 보면 왜 이렇게까지 자신의 인격을 부정해야 하는지, 왜 이렇게 어머니가 공부를 강요하는지 이해할 수 없는 상황이었습니다. 이윽고 딸은 자신이 왜 이 집에 있는지, 무엇 때문에 살아가고 있는지를 고민하기 시작하더니 점차 정서 불안 상태에 빠졌습니다. 그런 나날이 계속되던 중학교 2학년 어느 가을밤, 딸은 욕실에서 손목을 칼날로 긋고 말았습니다. 다행히도 딸은 목숨을 건졌습니다. 하지만 어머니는 그 사건 후에도 딸에게 신랄한 태도로 일관했고, 공부를 강요하는 것을 멈추지 않았습니다. "어떻게 해야 딸이 공부 좀 하게 될까요?"라고 저에게 상담하러 온 것도 그 사건 후의 일이었습니다. 딸은 그 뒤로 자해 행위는 하지 않았지만 고등학교를 자퇴했고 결국 대학에도 진학하지 않았습니다.

안타까운 이야기지만 이런 사례는 드물지 않습니다. 어렸을 때 이와 비슷한 경험을 했던 사람이 있을 수도 있고, 혹시 여러분도 지금 부모로서 자녀에게 똑같은 일을 하고 있을지도 모릅니다. 중요한 것은 '이런 현실을 어떻게 받아들여야 하는가'입니다.

집착이 고이면
괴로움이 되듯이

불교에서는 사람이 품은 괴로움과 고민을 있는 그대로 바라보고자 합니다.

앞서 소개한 사례에서도 처음부터 어머니가 잘못했다고 판단하려 들지 않습니다. 오히려 그 전에 어머니의 마음에 어떤 원인이 있었을지, 어떻게 생각해야 그 괴로움을 없앨 수 있을지를 이해하려 했습니다.

어머니의 경우, 자신이 명문 대학에 가지 못했다는 생각에서 비롯된 좌절감과 결핍감이 괴로움의 원인이 되었습니다. 명문 대학에 가지 못했으니 자신은 가치가 없는 사람이라고 판단하고 있는 것입니다. 어머니 또한 판단의 희생양이라고 할 수 있겠지요. 그런 판단이 자신에 대한 분노를 낳는 것입니다. 갑자기 우울해지거나 딸에게 엉뚱하게 화풀이하는 것의 원인도 바로 판단에 있습니다. 명문 대학에 가고 싶었다는 바람, 가지 못했다는 판단이 집착이 되어 자신과 딸을 괴롭히는 것입니다.

사람이 괴로움을 느낀다면 그 마음속에는 반드시 집착이 있습니다. 마음은 계속해서 졸졸 흐르는 실개천과 같아서, 괴로움을 남기지 않을 작정이었더라도 어느새 집착이 고여 괴로움을 낳게 됩니다.

자기 자신이든 상대방이든 누군가가 괴로워한다면 뭔가 잘못된 것입니다. '이대로는 안 된다'고 현실에 눈을 뜨기 바랍니다. 붓다의 사고법에 비춰 이렇게 한번 생각해봅시다.

이루지 못했던 과거의 바람이 괴로움을 낳는다.
틀림없이 성공했어야 하는데, 실패하고 말았다는 판단이 괴로움을 낳는다.
상대방을 향한 기대와 요구가 괴로움을 낳는다.
이런 집착들을 떼어놓지 않으면 자신도 상대방도 계속 괴로울 수밖에 없다.

없는 것을 있다고
착각하지 않으려면

단정 짓기, 선입견, 일방적인 기대와 요구 같은 판단은 일종의 집착입니다. 속된 말로 하면 '마음의 병'이라고 할 수 있지요.

사실 곰곰이 생각해보면 그런 판단이 처음부터 머릿속에 존재했던 건 아닙니다. 분명 부모님이나 선생님, 친구들, 세상에 넘쳐나는 정보를 통해 '이렇게 해야만 해'라는 판단 방식을 학습한 것입니다.

분명 일이나 생활, 장래의 선택 등에서 판단이 필요한 경우는 있습니다. 결론을 정함으로써 마음이 잘 예측되는 경우도 있지요. 그러나 어떤 판단이든 '집착'하면 괴로움이 생겨나게 됩니다. 현실은 항상 무상, 즉 변하기 때문입니다.

예전의 바람을 이루지 못한 경험이 있다면, 그 바람은 이제 존재하지 않는 망상입니다. 집착하고 있기 때문에 아직도 보이는 것 같지만 실상은 존재하지 않는 것입니다.

'이래야만 한다'는 자기 인생이나 상대방에 대한 기대도 그저 판단에 불과합니다. 그것은 머릿속에만 존재하는 망상이기 때문입니다. 망상에 불과한 판단에 집착해서 여전히 자기 자신이나 상대방을 괴롭히고 있는 것이 바로 진실입니다.

이제 그만 자유로워지고 싶지 않나요? 본래 없는 것을 있다고 생각하는 심리를 불교에서는 '전도'라고 합니다. 바로 착각하는 것을 말하지요.

누군가를 괴롭히고 있는 '이렇게 해야 한다'는 판단과 기대는 착각입니다. 착각은 없애는 수밖에 없습니다. 오히려 눈앞의 현실을 중심에 두고 잘 이해하도록 노력해서 처음부터 모두가 행복하게 살아갈 수 있는 생활을 만드는 것이 옳습니다.

판단은 머릿속에만
존재하는 것

앞서 판단은 머릿속에만 존재하기 때문에 망상이라고 설명했습니다. 좀 놀라울 수도 있지만 그것이 진실입니다.

'뭐야, 판단이라는 것이 고작 망상에 불과했던 건가!'라고 얼른 알아차리길 바랍니다. 마치 호랑이 그림자에 겁내고 있었던 것이나 마찬가지인 셈이지요. 올바른 이해는 마음의 어둠을 걷어내줍니다.

'하지만 망상을 떼어놓기가 어려워요. 아무리 해도 떼어놓을 수가 없어요. 그러니까 괴로워하고 있지요.' 이렇게 말하는 사람도 있으리라 생각합니다. 저도 그 심정은 충분히 이해합니다.

다만 그럴수록 마음을 청소하는 방법을 실천해야 합니다. '이대로는 괴롭다. 나는 좀더 편해지고 싶다'는 바람을 갖고 새로운 삶을 시작해봅시다.

삶에는 괴로움이 따르기 마련입니다. 그렇지만 제거할 수 있습니다. 분명 제거하는 방법은 있습니다.

괴로움을 낳는 판단을 떼어놓기로 결심하고 그 방법을 실천해야 합니다. 사람은 계속 괴로움에 빠져 있기보다는 괴로움에서 벗어나 자유로워지는 것을 인생의 목표로 삼아야 합니다. 과거도 판단도 전부 멀리 떼어놓아 봅시다. 그리고 편안해집시다.

생각해보면, 여러분에게도 판단 때문에 괴로워하지 않았던 시절이 있었을 것입니다. 다시 한 번 그 무렵의 자유로운 마음을 되찾아봅시다.

지나친 긍정도
괴로움의
원인이 된다

사람을 괴롭히는 판단에는 '자기는 훌륭하다', '옳다', '뛰어나
다'며 지나치게 긍정하는 마음도 있습니다. 불교에서는 이런 심
리를 '만慢'이라고 부릅니다.

'만'에 빠지면 잠시 동안은 자신을 긍정적으로 바라볼 수 있을
것 같아 기분이 좋아집니다. 하지만 여기에서 비롯된 교만, 오
만, 자부심, 우월감과 같은 생각은 결국 불만이나 자만으로 인한
실패를 초래하고 스스로 손해를 입히게 됩니다.

사실은 자기 자신도 다른 사람도 모두 판단하지 않는 것이 가

장 좋습니다. 그렇게 하면 마음을 기쁨과 만족 등 다른 감정에 사용할 수 있기 때문입니다. 솔직하고 편한 모습의 자아를 찾을 수 있는 것이지요.

'나는 어떻고', '그는 어떻고'라는 생각은 마음에 꽂힌 화살이다.
하지만 사람들은 알아차리지 못한다.
올바르게 바라보는 자에게 괴로움을 반복하게 만드는 자의식은 존재하지 않는다.

정말로 도움이 되는
일인지 분별하기

————

'만'이란 말하자면 자신의 가치에 집착하는 마음입니다. 사실 오만이나 자존심, 허영심, 심지어는 열등감이나 자신감이 없다는 생각도 만에 해당합니다. 사람은 모두 마음속 어딘가에서 자신이 옳다고 생각하고 있습니다. 그러나 그런 판단이 옳은 것인지는 대체 어떻게 알 수 있을까요? 그에 대해 붓다는 이렇게 말했습니다.

내가 어떤 말을 한다면 그것은 상대방에게 이익이 될 때다.
진실이며 상대방에게 이익을 가져다주는 말은,

때로는 상대방이 좋아하지 않을 만한 것이라도
필요하다면 말해줘야 한다.

결국 '진실인가', '상대에게 도움이 되는가'가 중요합니다. 세상에는 진실이 통하지 않는 경우가 자주 있습니다. 하지만 유익함은 어떤 분야든지 중요한 판단 기준이 됩니다.

예를 들어 직장에서라면 이익이 오르고 그것이 일하기 좋은 환경으로 이어지고, 업무를 원활하게 돌아가게 만드는 것이 올바른 판단입니다. 여기서 중요한 것은 '도움이 되는가'의 관점입니다.

그렇다면 평소 우리들의 판단은 어떻게 이루어질까요? 나, 다른 사람, 인생, 일 등에 대한 옳고 그름, 좋고 나쁨이라는 판단은 진실을 중심에 두어야 할까요? 아니면 유익함의 관점에서 파악해야 할까요?

우선 머릿속에서만 펼쳐 놓는 판단은 그저 망상이기 때문에 진실이라고 할 수 없습니다. 현실에 도움이 되지 않는다면 유익한 것도 아닙니다.

다시 말해 인간이 생각하는 대부분의 판단은 진실도 아니고 유익하지도 않습니다. 말하자면 시간 때우기에 불과하지요. 그런데도 그런 판단을 하고 있는 이유는 앞서 설명한 대로 판단 자체가 기분 좋고 그로 인해 인정욕구가 채워지기 때문입니다. 이

두 가지 이유가 '만'이라는 것의 정체 그 자체입니다.

만약 여러분 주위에 오만한 사람이 있다면 그 심리를 이해해주기 바랍니다. 그들이 보이는 태도는 판단으로 인한 쾌락과 승인받고 싶은 욕구에서 비롯된 것입니다. 마음에 갈증을 느끼는 사람의 괴로움을 부디 헤아려주시기 바랍니다.

내가 옳다는 생각에서
벗어나보기

———

자신이 옳다는 판단은 자기 자신에게는 옳아보여도, 자신이 옳다고 판단하는 시점에서 그 판단은 잘못된 것입니다. 원시불전에 이런 에피소드가 있습니다.

어떤 도시의 왕이 태어날 때부터 장님인 사람들을 궁전으로 불러모아 코끼리를 만지게 했다. 한 사람에게는 코끼리의 코, 한 사람에게는 코끼리의 다리, 한 사람에게는 코끼리의 꼬리 등 코끼리의 일부만을 만지게 하고, "이제 코끼리란 어떤 것인지 말해보라"고 명했다.

그러자 한 사람은 "쟁기 자루 같은 것입니다"라고 대답했고, 한 사람은 "돌기둥 같은 것입니다"라고 대답했으며, 한 사람은 "빗자루 같은 것입니다"라고 대답했다. 다른 부위를 만진 장님들도 제각기 '코끼리란 이런 것이다'라고 주장하며 "네가 틀리다!"라고 서로 치고받고 싸우기 시작했다. 그 광경을 지켜보던 왕은 크게 웃었다.

이 에피소드는 시각장애에 대한 차별을 담고 있는 느낌이 들어서 개인적으로는 좋아하지 않습니다. 장애를 전생의 업보 탓이라고 여기는 구시대적 세계관의 흔적이라고도 할 수 있겠지요. 다만 이 일화에서 한 가지 본질을 들여다보고자 합니다.

<u>결국 인간이란 애초에 처한 상황이나 바라보는 시각이 전혀 달라 일부밖에 보지 못합니다. 그럼에도 모든 것을 이해했다는 착각에 빠져 스스로 옳다고 믿는 것입니다.</u>

사람과 사람이 관계할 때는 반드시 견해의 차이가 생길 수밖에 없습니다. '이건 아무리 생각해도 내가 옳다'고 생각하는 경우가 있습니다. 그러나 머릿속에서 '아무리 생각해도'라는 생각이 든 이상, 자신의 생각 안에서 벗어날 수 없습니다. 사실 자기 머릿속에서 자기 생각밖에 나오지 않는 것은 당연한 이치입니다. 하지만 그렇다고 그 생각이 옳다는 보장은 어디에도 없습니다. 그도 그럴 것이 생각의 전제, 즉 사람들이 가진 입장도 경험도 모두 다르기 때문입니다.

붓다의 가르침은 어떤 판단도 개인의 머릿속에 떠오르는 상념, 즉 삼독으로 치면 망상에 불과하다고 말합니다. 그럼에도 자신이 옳다고 집착한다면 그 시점에서 '만'이 생겨나게 됩니다.

불교가 지향하는 올바른 이해란, 역설적이게도 '스스로 옳다고 판단하지 않는' 이해를 말합니다. 자신이 옳다고 집착하기보다 진실이면서 유익함을 줄 수 있는 것을 중요하게 여기자는 뜻입니다.

대단히 훌륭한 사고이지 않나요? 이를 실천하면 스트레스 쌓일 일 없이 서로를 받아들이고 이바지하는 관계가 가능할 것입니다.

올바르게 이해한 자는

자기가 옳다고 생각하는 일[慢]이 없다.

따라서 괴로움을 만들어내는 마음의 응어리에 사로잡히지 않는다.

무심코 판단하는
습관에서
벗어난다

판단하지 않는 것이야말로 편안한 마음으로 인생을 살아가기
위한 지혜라는 사실을 이해했다면, 실천으로 옮겨봅시다. 이제
부터 헛된 판단에서 자유로워지는 방법을 소개하려 합니다.

먼저 간단하게 말로써 판단을 알아차리는 방법이 있습니다.
'앗, 판단했다'라는 알아차림의 말이 바로 그것입니다. '오늘은
일진이 사납다', '실수했나?', '저 사람은 어렵고 불편해', '나는
안 되는 인간이야'라는 생각이 스쳐지나갈 때는 '앗, 판단했다'
고 알아차리기 바랍니다.

스스로 누군가가 좋은지 싫은지, 상대방이 괜찮은 사람인지 나쁜 사람인지를 평가하고 있다는 사실을 알았다면 '앗, 또 판단하고 있다'고 인식해봅시다.

흔히 친구나 가족끼리 대화할 때 누군가의 '인물평'을 하는 경우가 있습니다. 그럴 때는 서로 "뭐 개인적인 생각이지만"이라는 알아차림의 말을 덧붙이면 좋습니다. '괜찮은 사람이라고 판단하는 것도 안 되는 건가?'라고 생각하는 사람이 있을지도 모릅니다. 단정해서 말할 수는 없지만, 긍정적인 판단도 상황이 달라지면 부정적인 판단으로 바뀌는 경우가 자주 있습니다. 애초에 우리들에게 누군가를 괜찮은 사람, 나쁜 사람이라고 판단할 자격이 있을까요? 아마 붓다라면 냉정하게 그것은 불필요한 판단이라고 말했을 것입니다.

'나는 나'라고
생각한다

판단은 마음의 버릇과 같습니다. 세상에는 비교하는 것, 평가하는 것, 여기저기 파고들기를 정말 좋아하는 사람이 많습니다. 떠도는 소문은 판단의 집합체입니다. '모두가 판단하는데 나라고 안 될 것 없지'라고 생각하는 순간 자신도 판단을 정말 좋아하는 사람이 되어버립니다. 그러나 앞서 그런 쓸데없는 판단이야말로 괴로움을 낳는 원인이라는 점을 설명했습니다.

만약 진정으로 더는 고민이 늘어나지 않기를 바란다면 판단에서 손을 떼는 수밖에 없습니다. 다른 사람들은 매사에 이것저것 판단할지도 모르지만, 나는 더는 괴롭고 싶지 않기 때문에 섣불리 판단하지 않겠다고 다짐하는 것입니다.

'세상에는 그런 사람이 있을지도 모르지만 나는 이렇게 생각한다'고 타인과 나 사이에 확실하게 선을 긋는 것이 중요합니다.

'남은 남이고 나는 나다'라고 명백한 경계선을 긋습니다. 이 마음가짐만큼 중요한 것은 없습니다. 분명 세상에는 판단하기를 좋아하는 사람이 있습니다. 그렇다고 나도 똑같이 할 필요는 없습니다. 자신의 마음은 스스로 선택하고 결정하는 것입니다. 항상 자유롭게 독립적으로 생각할 수 있는 사람만이 헛된 반응에서 자유로워질 수 있습니다.

차라리
솔직해진다

———

또 한 가지 중요한 것은 솔직해지는 것입니다. 그러면 무엇보다 내가 가장 편해집니다.

자신이 훌륭하고 옳다고 믿는 '만'이 굳어지면 나와 주위 사람들 사이에 벽이 생깁니다. 그로 인해 사람들과 소통하는 일이 어려워집니다. 또한 나와 다른 의견을 접하면 내가 부정당하는 기분이 듭니다. 그 때문에 울컥하거나 침울해지고 마음속에 고민이 쌓이는 것이지요.

이런 괴로움이 생기는 것은 주변에 원인이 있는 것이 아니라, '내가 옳다'고 하는 선입견이 원인입니다. '만'에 사로잡힌 사람에게 자신이 옳다는 생각을 떼어놓으란 말은 자신을 부정하라는 말이나 다름없는 것이기에 자살행위와 같습니다. 따라서 사람은 좀처럼 솔직해질 수 없습니다.

이럴 때 방향성을 본다는 차원에서 불교를 활용해봅시다. 방향성을 본다는 것은 불교에서 '올바른 사고'라고 불리는 가르침의 한 가지 요소로, 앞으로 나아가야 할 방향을 보는 것을 말합니다. 계속 자신이 옳다고 생각하고 싶은지, 옳고 그름에 구애받지 않는 솔직한 자신을 지향하고 싶은지를 선택하는 것입니다.

자신이 옳다는 생각 따위는 그야말로 사소한 자기만족에 불과합니다. 그런 생각은 누구도 행복하게 만들지 못합니다. 자신이 옳다고 고집부리는 모습보다 솔직한 모습이 매력적입니다. 남의 이야기를 잘 들어주고 이해심 넘치고, 마음을 터놓을 수 있는 대화 상대가 되는 편이 더 행복합니다.

솔직해지면 모두가 행복해질 수 있습니다. 솔직하게 자신을 드러낸다고 무시당하는 것이 아니라, 모두가 그런 나의 진솔함을 존중할 것입니다. 무엇보다 자기 자신이 가장 편해집니다. 지금까지 자신이 '만'이라고 하는 마음의 병에 걸려 있었다고 솔직하게 인정해봅시다.

불교 수행법 중에는 '참회'와 '재계'가 있습니다. 자신의 잘못이나 '만', 오해를 마음속으로 인정하고 사죄하는 시간을 말합니다. 굳이 주위에 밝힐 필요는 없습니다. 마음속에서 맹세만 하더라도 상관없습니다. 스스로 솔직해지겠다고 다짐해봅시다. 그렇게만 해도 가슴이 확 트이는 기분이 들 것입니다.

어떤 순간에도
나를
부정하지 않는다

살다 보면 일이든 인간관계든 실패했다고 생각하게 되는 일이 반드시 생깁니다. 중요한 것은 거기서 기죽지 말아야 한다는 점입니다. 어떤 상황에서도 결코 자기를 부정해서는 안 됩니다.

그러나 판단이라는 마음의 반응은 성가신 법인지라 금세 '나에 대한 평가가 깎였을지도 몰라', '나는 이 일이랑 안 맞나 봐', '역시 난 안 되는 인간이야'라며 자신을 책망하게 만들지요.

어떤 사람은 콤플렉스나 좌절감에 빠지고 심지어는 살아 있을 가치가 없는 사람이라며 극단적으로 생각하는 경우도 있습니다. 요즘 시대에는 많은 사람들이 자기를 부정하는 탓에 괴로움에 빠집니다. 자신을 부정하는 판단을 극복하고 강한 마음을 만드는 법을 배워봅시다.

분노를 만들어내는 것은 나 자신이다

지금부터 자기를 부정하는 판단이 가져다주는 괴로움을 이해해봅시다.

자신을 부정하면 인정욕구가 채워지지 않아 분노가 생겨납니다. 분노는 본인에게 불쾌한 반응이므로 그런 상태를 해소하고 싶어 공격이나 도피를 선택하게 되지요. 이 두 가지는 생물이라면 모두 지니고 있는 본능적인 반응입니다.

공격은 다음과 같은 행동으로 나타나게 됩니다. 이성을 잃거나 호통을 치고, 남이 싫어하는 행동으로 상대방을 공격해 기분을 전환합니다. 또는 스스로 책망하고 미워하고, 나쁜 자신을 단죄하고 죽고 싶다고까지 생각하며 자신을 공격합니다.

도피는 다음과 같은 형태로 나타납니다. 마음의 반응을 무시하고 게으름피우기도 하고 대충하고 툭하면 쉬려 하고 아무도 없는 곳에 틀어박히려 듭니다. 그저 잠만 자거나 우울해하고 자극과 쾌락에 의존하는 경우도 있습니다.

부정적인 반응이 일어나면, 자기 자신도 주위 사람들도 이 상태를 어떻게든 해야겠다고 생각하게 됩니다. 다만 주의해야 할 것은 '어떻게든 벗어나야 해'라는 생각 또한 본인을 부정하는 판단이라는 점입니다. 즉 분노가 생겨나게 되는 것이지요. 분노는 다시 새로운 공격이나 도피라는 반응을 만듭니다. 이렇게 되면 악순환에 빠지게 됩니다. 불교에서는 어떤 상황이든 분노를 만들어내지 않는다는 방침을 세웁니다. 분노와 같은 부정적인 '마음의 반응'을 일으키지 않기 위해서는, 어떤 상황에 처하더라도 판단하지 않는 것이 중요합니다.

자유로운 마음을 되찾는 연습

그렇다면 자기 자신과 상대방을 판단하거나 부정하지 않기 위해서는 어떻게 하면 될까요?

사람은 판단하지 않는 것에 훈련되어 있지 않습니다. 따라서 이 속성을 부정하기보다는 있는 그대로 받아들이는 것이 중요합니다. 사실 이 내용을 이론적으로는 알고 있더라도 머릿속에서는 '역시 어떻게든 해야 해'라고 자꾸 판단하게 되는 법입니다.

어떤 사람은 작은 실수 하나만으로도 '주변에 얼굴을 들 수가 없다', '나쁜 소문이 돌면 어쩌지' 하면서 헛된 망상과 판단에 빠지는 경우가 있습니다. 상대방의 말이나 표정, 대수롭지 않은 시선에서 본인이 그런 부정적인 판단을 느끼는 것이지요.

부정적인 판단을 만들어낸 것이 자신인지 주위 사람인지는 중요하지 않습니다. 단 하나만 실천하면 됩니다. 바로 부정적인 판단을 그만두는 훈련입니다. 부정적인 판단에 관련된 모든 사람은 이를 자기 자신의 과제라고 생각하고 함께 고민해야 합니다.

판단 전반에 관해서는 앞서 소개했던 '앗, 판단했다'라는 알아차림의 말을 비롯한 세 가지 방법을 쓸 수 있습니다. 다만 여기서는 나도 모르게 자기 자신이나 상대방을 부정해버리는 사람에게 필요한 연습을 정리해보도록 하겠습니다.

- 한 걸음 한 걸음씩 바깥을 걷는다.
- 넓은 세계를 관망한다.
- 자기 자신에게 긍정의 말을 건다.

신체의 감각에 집중하며
바깥을 걷는다

사실 이 세 가지는 제가 실제로 인생에서 가장 괴로웠던 시기에 실천했던 방법이기도 합니다. 먼저 곧장 바깥으로 나가 산책을 해봅시다. 한 시간이든 두 시간이든 걸을 수 있는 데까지 걸

어보는 것을 추천합니다.

이때 신체가 포착하는 감각으로 의식이 향하도록 합니다. 불교에서 말하는 감각의 발생 장소는 눈, 귀, 코, 입, 피부 등 다섯 군데가 있습니다. 감각 하나하나를 지금까지보다 더 강하게 의식해봅시다.

예를 들면 아침, 낮, 밤처럼 시간대에 따라 하늘의 색, 거리의 빛, 나무의 푸름이나 흐르는 강물의 빛깔이 다르게 보일 것입니다. 지금 세상이 어떻게 보이는지를 눈을 크게 뜨고 시각을 온전히 사용해서 잘 관찰해봅시다.

코끝에서 들어오는 공기의 냄새나 농밀함도 계절이나 시각에 따라 다릅니다. 때에 따라서 차갑게도 뜨겁게도 느껴지고 습하거나 건조하게도 느껴집니다. 바깥의 공기는 자기 안에 닫혀 있던 마음과는 전혀 다르게 신선합니다. 그런 신선함을 호흡하면서 후각을 통해 느껴봅시다. 발걸음을 옮기면서 한 걸음 한 걸음의 감각에도 의식을 집중시켜봅시다. 신발 바닥으로 전해지는 대지의 감촉을 느껴봅니다. 어디까지가 됐든 걸어가봅시다.

지금 확실하게 존재하는 것은 '감각'입니다. 조금 전까지 머릿속을 점령하고 있던 고뇌는 이 순간에는 없습니다. 또 하나의 자신, 또 하나의 인생이 여기에 있습니다. 여러분은 이미 지금까지와는 다른 새로운 인생을 '살고 있는' 것입니다.

늦은 밤에 걷다 보면 편의점 등 24시간 영업하는 가게를 발견하는 경우가 있습니다. 거기서 일하는 사람의 생활을 상상해보세요. 세상에는 참으로 다양한 인생이 있습니다. 그리고 모든 사람 안에는 고독이 존재합니다. 하지만 나와 다른 사람의 고독을 헤아릴 수 있다면 이미 고독은 고독이 아닐 것입니다.

평소 부정적인 판단이 마음에 솟아난다면 이미 거기서 게임은 끝났다고 받아들이세요. 부정적인 판단 앞에 기다리고 있는 것은, 자기 부정이라는 어두운 망상뿐입니다. 망상이라는 어둠 속에 희망은 없습니다. 그런 상태에서는 아무리 생각해도 해답을 찾을 수 없습니다.

깨끗한 마음으로 감각의 세계, 그러니까 마음의 또 다른 영역으로 의식을 향하게 하는 것입니다. 그리고 바깥으로 나가봅시다.

일본 천태종의 성지로 불리는 히에이 산에는 '센니치가이호교[千日回峰行]'라고 해서 매일 30킬로미터에서 80킬로미터 거리를 7년에 걸쳐 걷는 수행법이 있습니다. 자기부정을 없애기 위한 산책도 일종의 수행이라고 할 수 있습니다. 수행이라는 말이 부담스럽다면 연습이나 실천, 생활, 마음가짐 등으로 이해해도 좋습니다.

어느 정도 기간을 걸으면 되는지 정해진 답은 없습니다. 하지만 그저 걷기만 하면 되기 때문에 어렵지 않습니다. 몇 개월이든 몇 년이든 자신을 부정하는 판단이 사라질 때까지 계속해서 산책해봅시다.

자신을 괴롭히는 판단을 없애는 일만큼 인생에서 중요한 것은 없습니다. 차분하게 각오를 다지고 마음의 자유를 되찾을 때까지 걸어보는 것은 어떨까요?

고민에서 한 걸음 떨어져 바라본다

바깥 세계를 멀리서 바라보면 다양한 사람이 살고 있습니다. 알고 보면 여러분을 부정하는 사람은 생각만큼 많지 않다는 사실을 알 수 있습니다.

함께 쇼핑하러 나온 엄마와 딸, 길모퉁이 파출소의 경찰, 가게에서 일하는 점원을 한번 바라보세요. 밖에서 보이는 사람은 모두 각자의 일상을 살고 있습니다. 길을 물어보면 놀랄 만큼 친절하게 대답해줄 것입니다. 세상에는 가슴 따뜻한 사람, 양심적인 사람, 친절한 사람이 많습니다. 남을 부정한다는 발상조차 없이 매일 열심히 살고 있는 사람이 대부분이지요.

정오를 조금 넘긴 오후든, 저녁 어스름이 깔릴 무렵이든, 별이 빛나는 밤이든 눈을 크게 뜨고 하늘을 올려다보세요. 그곳에 광활한 세계가 펼쳐져 있을 것입니다. 우리는 이제까지 '나를 부정하는 판단'이라는 하나의 점만을 계속 보고 있던 것인지도 모릅니다. 그런 판단은 어디에서 왔을까요? 부모님에게 들은 말이거나 친구가 무심코 던진 한마디였거나 세상 속에 흘러가는 정보나 가치관이 아니었을까요? 혹은 자기 자신의 사소한 선입견이나 착각이었을지도 모릅니다. 하나의 점도 집착하면 자연스레 크게 보이기 마련입니다. 너무 강하게 집착하면 하나의 점에 불과한 일도 인생 전체를 좌우할 만한 것으로까지 보이기도 합니다. 하지만 집착에서 한 걸음 떨어지면 고작 하나의 점에 반응하는 마음을 알아차릴 수 있습니다. 그리고 바깥 세계를 관망해보십시오. 부정적 판단은 이제 존재하지 않는다는 것을 느낄 수 있습니다.

새로운 세계로 눈을 돌려보세요. 분명 그곳에 다른 인생이 펼쳐져 있습니다.

'나는 나를 긍정한다'고 말한다

자신을 부정하지 않는 또 한 가지 방법은 스스로 긍정하는 말을 거는 것입니다.

'나는 나를 긍정한다'고 스스로 다독여보세요.

긍정한다는 표현은 널리 알려진 '긍정적 사고'와는 다릅니다. 흔히 '나는 할 수 있다'든지 '날이 갈수록 좋아진다'는 식의 긍정적인 말을 자신에게 들려주어야 한다는 이야기를 자주 합니다.

확실히 이런 말이 암시로 작용하는 경우도 있습니다. 그러나 긍정적인 말이 너무나 현실과 동떨어져 있으면, 마음은 그 말이 거짓임을 느끼고 작용하지 않습니다. 결국 말로만 끝나고 현실의 나는 덩그러니 홀로 남고 마는 것이지요.

불교는 올바른 이해를 기본에 두고 있으므로 현실과 동떨어진 말에 기대려 하지 않습니다. '이렇게 되면 좋겠다'는 방향성은 고려하더라도 어디까지나 미래의 일일 뿐입니다. 일어나지 않을지도 모르는 일에 얽매인다면 그것은 망상의 영역이나 다름없지요.

지금 자신을 부정하는 판단을 어떻게 멈추는가가 문제입니다. 그러기 위해서는 간단한 말을 통해 판단 자체를 멈추게 하는 방법이 효과적입니다.

바로 '나는 나를 긍정한다'는 말입니다. 실제로 실천해보면 판단이 멈춘 듯이 느껴질 것입니다. 이제부터 쓸데없는 판단이 머릿속에서 지워지게끔 해보세요. '어차피', '결국', '나 따위'라는 말이 나올 것 같다면 바로 이 말을 주문처럼 계속 외우는 것입니다. '나는 나를 긍정한다'라고 말이지요.

판단을 멈추면
인생은 자연스럽게 흘러간다

생각해보면 인간은 판단하기를 정말 좋아합니다. 게다가 인정받고 싶어 하는 욕구까지 있습니다. 그렇다면 뜻대로 되지 않는 현실을 앞에 두고 자신을 부정하는 것은 자연스러운 반응인지도 모릅니다.

그러나 불교적인 사고에 비춰봤을 때 '자신을 부정한다'는 판단에는 합리성이 없습니다. 왜냐하면 그 판단은 먼저 괴로움을 낳고 또한 망상에 불과하기 때문입니다. 앞서 붓다의 사고법에서는 진실도 아니고 유익하지도 않은 판단은 불필요한 것으로 여긴다고 말씀드렸습니다.

'하지만 때로는 자신을 몰아붙이거나 채찍질하는 것도 필요하지 않나?'라고 생각하는 사람이 있을지 모릅니다.

불교에는 방향성을 확인하고 현재에 집중하며 망상하지 않고 행동하는 별개의 격려법이 있습니다. 일부러 자신을 부정해서 분노를 에너지로 만들기보다 훨씬 더 힘을 낼 수 있는 사고법입니다.

어떤 상태에 있어도 자신을 부정하는 판단은 떼어놓아야 합니다. 오히려 지금 무엇을 해야 하고 무엇을 할 수 있는지 등 '지금 이 순간'만을 생각하는 데 집중하는 것이지요.

예전에 제가 수행했던 선사에서 있었던 일입니다. 어느 날 아침 젊은 수행승이 늦잠을 자는 바람에 독경 시간에 지각을 했습니다. 그 수행승은 "난 정말 승려로서 실격이군……"이라며 풀이 죽어 있었는데, 고참 승려가 "바보 같은 놈, 지금에 집중해라!"라고 호되게 꾸짖었습니다.

여기서 그 상황에 대한 고참 승려의 이해는 올바른 이해라고 할 수 있습니다. 과거에 묶여서 현재를 부정하는 것 자체가 마음의 번뇌고 사념이며 잡념입니다.

인생에서 잘못과 실수는 떼려야 뗄 수 없습니다. 다만 그때마다 어떻게 대응하는지가 중요한 것이지요. 침울해하지 말고, 기죽지 말고, 자신을 책망하지 말고, 뒤돌아보지 말고, 비관하지 마세요. 그런 부정적인 생각보다는 지금을 주시하고 올바르게 이해하며 이제부터 할 수 있는 것에 전념하는 것이 중요합니다.

물론 남에게 민폐를 끼쳤을 때는 사태를 올바르게 이해한 다음 죄송하다고 솔직하게 사과해야 합니다. 그런 마음가짐으로 다시 새로운 인생을 살아보면 어떨까요?

지난 과오를 버리고 새로운 과오를 만들지 않는다.

지혜를 깨우친 사람은 선입견에서 자유롭기에 자신을 책망하지 않는다.

마음속도 그 바깥도 제대로 이해하도록 하라.

다만 그것으로 자신의 가치를 재단해서는 안 된다.

그런 생각은 평온함으로 이어지지 않기 때문이다.

자신이 뛰어나다고도, 뒤처진다고도, 대등하다고도 판단하지 마라.

무슨 말을 듣더라도 자신의 가치를 판단하지 않도록 하라.

평가, 재량, 판단 같은 온갖 번뇌가 소멸한 경지야말로 평온함이다.

그런 자는 이미 승리한 것이니 남에게 질 일은 이제 없다.

판단을
멈추는 순간
자신감도
높아진다

'나에게 좀더 자신감이 있다면 인생이 잘 풀릴 텐데'라고 생각해본 적 없으신가요?

하지만 자신감이 있고 없고를 따지는 것 역시 쓸데없는 판단에 불과합니다. 판단은 망상의 일종이기 때문에 금방 사라져버립니다. 고된 현실을 앞에 두고 나약해지거나 긴장하거나 자신감을 상실했을 때 잠시 나타나는 것이지요.

불교에서 '자신감이 있을 때'라는 판단은 뒤로 미루는 것에 지나지 않습니다. 자신감 유무를 따지기보다는 지금 해야 할 일을 생각해야 합니다. 먼저 해야 할 일을 하고 자신감이 있는 사람보다 높은 성과를 올리는 것, 이것이 중요합니다.

자신감이 있는지를
따지지 않는다

자신감이란 '나는 할 수 있다', '반드시 성과를 낼 수 있다'는 판단인데, 애초에 할 수 있는지 없는지, 성과를 낼 수 있는지 없는지는 미리 판단할 방법이 없습니다.

가령 한 번은 성공했다 쳐도, 상황은 항상 새롭게 바뀌기 때문에 다음에도 잘 되리라는 보장은 없습니다. 과거의 성공을 토대로 자신감이 생겼다고 한들, 그런 자신감이 다음 상황에는 통용되지 않는 법입니다. 다시 말해 현실에서 앞으로 일어날 일에 미리 자신감을 갖는다는 것은 불가능하다는 것입니다.

실제로 비즈니스나 스포츠 분야에서 실적을 올리고 있는 사람 중에 자신감이 있다고 말하는 사람은 아무도 없습니다. 만약 그런 사람이 있다면 그 사람만의 착각이라고 여겨질 것이 뻔합니다.

자신감 같은 것은 신경 쓰지 않아도 좋습니다. 앞으로의 일은 알 수 없는 법이기 때문이지요. 자신감이 있는지를 따지기보다, 지금 해야 할 일을 한다고 생각하는 것이 올바른 사고법입니다.

지금 할 수 있는 일을
생각한다

———————

그럼에도 여전히 자신감을 갖고 싶어 하는 사람이 많은 이유는, 그 사람들 역시 망상에 사로잡혀 있기 때문입니다.

첫째는 '나라면 할 수 있다'고 생각하려 드는 '만'이라는 망상이 있습니다. 세상에는 근거 없이 무턱대고 자부심만 높거나 다른 이에게 깔보는 시선을 보내는 사람이 있습니다. 그런 사람들은 언뜻 자신감 넘쳐 보입니다. 하지만 그렇게 보이는 이유는 자신이 훌륭하다고 여기는 만에 사로잡혀 있거나 혹은 훌륭한 사람으로 보이고 싶다는 소망이 있기 때문입니다. 하지만 그런 사람들의 자신감은 근거가 없는 망상에 불과합니다.

둘째는 불안을 없애고 싶은 마음 때문에 발생하는 망상입니다. 즉, 자신이 아무것도 할 수 없을 것 같고 실패할 것 같고 잘되지 않을 것 같다는 미래에 대한 불안에 찬 망상인 것이지요. 그런 망상을 없애고 싶은 사람들은 자신감을 갖고 싶어 합니다. 이런 사람들이 바라는 자신감이란 불안한 현실을 메우기 위한 망상일 뿐입니다. 자신감 넘치는 사람도 자신감이 없는 사람도, 결국은 자신이 편할 대로 망상에 사로잡혀 있는 셈입니다. '합리적인 사고법'이 몸에 배어 있는 사람이라면 이런 상황에서 '나는 망상에 기대지 않는다' 하고 바로 자신의 마음 상태를 알아차릴 수 있습니다. 근거 없는 자신감에 빠진 것 같을 때는 '앗, 망상이 도졌다', '앗, 판단했다'고 알아차리고 리셋하려 합니다. 무엇보다 '지금 할 수 있는 일은 해야 한다'고 생각하는 것이 바로 합리적인 사고법이라고 할 수 있습니다.

그런데 자신감을 갖고 싶어 하는 많은 사람들은 처음 망상 위에 새로운 망상을 덧씌우려 합니다. 처음부터 '나는 할 수 있다, 훌륭하다'고 생각하는 과도한 자신감에 빠진 사람은 지금보다 더 나은 자신의 모습을 망상합니다.

반대로 '나는 할 수 없다'고 생각하는 사람은 그런 선입견은 그대로 두고 지금의 내 모습과는 다른, '무엇이든 할 수 있는 나'라는 새로운 망상을 만들어냄으로써 맨처음 자신을 좌절시켰던 망상을 극복하려 합니다. 어느 쪽이든, 하나의 망상에서 새로운 망상을 만들어내는 상태에 빠지게 되는 것이지요. 이는 엄연히 잘못된 사고라고 할 수 있습니다.

노력해야 한다는
생각에서 빠져나온다

'나는 할 수 있다'고 착각하는 사람, 즉 근거 없이 자신감만 넘치는 사람에게 이 책에서 말하는 합리적인 사고법은 별다른 도움이 되지 않습니다. 오히려 이런 사람이 어느 시점에 실패를 경험하고 '어, 내가 착각하고 있었나?'라는 생각을 시작할 무렵에야 도움이 될 것입니다.

여기서는 '나에게는 자신감이 없다', '나는 아직 멀었다'고 주저하며 '그래서 자신감을 갖고 싶다'고 느끼는 사람의 사고법에 관해서 좀더 살펴보려 합니다.

사실 애초에 '나는 자신감이 없다', '아직 멀었다'는 판단 자체가 착각입니다. 가령 지난날의 거듭된 실패로 '나는 뭐 하나 제대로 하지 못하는 사람이다'라는 생각이 들어도 '그래서 자신감을 가질 수 없다'고 여길 필요는 없습니다. 정말로 생각해야 할 것은 따로 있지만, 이것에 대해서는 나중에 다시 말하도록 하겠습니다.

'자신감이 없다'도 '아직 멀었다'도 쓸데없는 판단이며 착각입니다. 이를 알아차리지 못한다면 어떤 사람은 자신감이 없으니까 조금 더 상황을 두고 보겠다며 중대한 결단을 미룰지도 모릅니다. 또는 자신감이 생기게끔 좀더 힘을 내야 한다며 너무 무리하거나 자신감을 갖기 위해 이를테면 '다른 자격증을 따야겠다'며 끊임없이 자신을 채찍질하는 경우가 생기기도 합니다.

그러나 아무리 현실과 마주하는 것을 뒤로 미루려 하더라도, 자신감이 생기는 상황은 대체로 오지 않습니다. 무리해서 노력하거나 한층 더 높은 목표를 세우고 그것을 달성한들 자신감은 생기지 않는다는 것을 알아둬야 합니다.

왜냐하면 사고의 출발점이 '나는 아직 멀었다', '나에게는 능력이 없다'는 부정적인 망상이기 때문입니다. 처음에 자신을 좌절시킨 부정적인 선입견에서 빠져나오지 못하면 '나는 할 수 있다'는 생각을 갖지 못하고, 언제까지고 자신감을 갖고 싶다는 생각에만 사로잡혀 있을 수밖에 없습니다.

자신이 아직 멀었다고 느끼는 사람이 많습니다. 그러나 '나는 아직 멀었다'고 생각하는 것이야말로 불필요한 판단이며 망상입니다. 사실은 그런 생각에 반응하지 않고 지금 해야 할 일과 지금 할 수 있는 일을 해나가는 것이 중요합니다.

'나는 아직 멀었다'는 생각은 그만둬야 합니다. 자신감을 갖고 싶다고도 생각하지 않는 것이 좋습니다. '나는 나를 긍정한다. 그리고 지금 할 수 있는 일을 해나가자'라고 생각해보세요.

우선 경험을 쌓는 것만으로도 충분하다

만약 자신감이 생기는 경우가 있다고 한다면, 바로 어떻게 해야 성과가 나올지 예측이 가능해졌을 때일 것입니다. 물론 직접 실행해보고 경험을 거치는 등 어느 정도 시간이 축적된 뒤에야 비로소 가질 수 있는 능력입니다.

어떤 분야든지 성과를 낼 수 있는지 예측하는 데 10년이 걸린다고 합니다. 직장에서는 보통 20대에는 업무 스킬이나 인맥을 쌓고 30대에 접어들면 책임 있는 직위를 맡게 됩니다. 스포츠나 공연 분야에서 활약하는 사람들의 경력을 보면 어렸을 때부터 혹독한 연습을 거듭하다가 10년가량을 넘겼을 때야 겨우 두각을 나타냅니다. 어떤 분야든지 시간의 축적이 필요한 것이지요.

이러한 관점에서 보면 지금 이 순간에는 어떤 판단도 불필요합니다. 그저 한번 해볼 뿐입니다. 우선은 그렇게 경험을 쌓는 것만으로도 좋습니다. 그렇다면 여기에서 자신감을 가질 수 있는 방법을 순서대로 정리해봅시다.

① 해본다.
② 경험을 쌓는다.
③ 어느 정도 성과를 낼 수 있게 된다.
④ 주위에서 인정하게 된다.
⑤ 어떻게 해야 어느 정도 성과가 나올지 예측할 수 있게 된다.

어떤 사람은 ①의 '해본다'는 것부터가 어렵다고 말할지도 모릅니다. 하지만 그럴 때야말로 '어렵다는 것은 망상이 아닐까?'라고 생각해보세요. '실패할지도 모른다', '민폐를 끼칠지도 모른다', '나 같은 건 아직 멀었다'고 하는 망설임이 생길지도 모릅니다. 하지만 그런 망설임이 생긴다면 그 또한 망상입니다.

여기서도 그런 망상에 반응하지 말고 망상은 망상에 불과하다고 올바르게 이해해보세요. '우선 그냥 해보자'라고 결심하고 출발선상에 서보는 것입니다. '우선 해본다'는 발상이 가능하면 일과 인생은 상당히 편해집니다.

무엇을 하면 좋을지 모르겠다면 "무엇을 하면 됩니까?"라고 물으면 됩니다. 일하는 방식을 모르겠다면 "이 일은 어떻게 하면 됩니까?"라고 물으면 될 일입니다. 가르침을 받았다면 "감사합니다"라고 말하면 될 일입니다. 민폐를 끼쳤다면 "죄송합니다"라고 솔직하게 사과하면 될 일입니다. 그러고 나서 "노력하겠습니다"라는 처음의 마음가짐을 떠올려보세요.

이런 태도는 할 수 있느냐 없느냐라는 결과에 집착하지 않는 마음가짐입니다. 이는 어떤 업무나 분야에서든 활용할 수 있는 합리적인 사고법입니다.

한 번 시도해봄으로써 조금씩 실력이 늘게 되고, 경험을 쌓고 나면 어느 순간 문득 돌이켜봤을 때 '아, 내가 꾸준히 이 길을 걸어왔구나'라고 생각할 수 있는 지점에 서 있을 것입니다. 그때쯤이면 어느 정도 성과가 나올지를 예측할 수 있게 됩니다. 그때 느낄 수 있는 것이 바로 진정한 자신감이라는 사실을 알아두세요.

3장

부정적인 감정을
떨쳐버리는 연습

감정적인 대처로
손해 보지 않기

어떠한 상황에서도 감정에 관한 고민은 피할 수 없습니다. 직장이든 가정이든 어딜 가더라도 사람은 감정에 시달리게 됩니다.

스트레스가 쌓이고 분노로 아무 일도 손에 잡히지 않고, 업무 중 생긴 실수로 침울해지고 소중히 여기던 것을 잃어서 슬퍼하고, 앞으로 어떻게 될지 불안해지기도 합니다. 이런 마음의 동요가 바로 감정이지요. 누구나 감정을 능숙하게 컨트롤할 수 있기를 바랍니다.

하지만 감정 또한 마음의 반응입니다. 여기에서는 감정으로 손해 보지 않기 위한 방법을 말해보려 합니다.

우선 고민을
정리해본다

————

불교에서는 감정을 둘러싼 고민을 크게 두 가지로 나누어 생각합니다.

① 불쾌한 감정이 생기는 것을 방지한다. 솟아난 감정은 빨리 리셋한다.
② 상대방과 어떻게 관계하는 것이 좋은지 생각한다.

①은 감정의 문제이며 ②는 관계의 문제입니다. 이는 매우 중요한 문제로 두 가지를 구별해서 생각할 필요가 있습니다.

사실 대부분의 사람들이 이 두 가지 문제를 뒤섞어 생각합니다. 화가 나서 분노라는 감정이 솟아나면 '그 사람은 이렇게 말했고 나에게 이런 짓을 했다'며 상대방에 대한 반응으로 가득찹니다. 그러다가 나중에는 분노의 감정과 함께 '내가 옳고, 상대방이 잘못했기 때문에 이렇게 해야 한다'는 판단만 맞부딪칠 뿐입니다. 이렇게 끝이 없는 고민으로 돌입하게 되는 것이지요.

흔히 인간관계가 모든 고민의 근원이라고 말합니다. 하지만 붓다의 사고법에 비춰보면 부정확한 표현입니다. 감정에 시달리고 있는 것과 상대방과 어떻게 관계하면 좋을지는 별개의 문제이기 때문입니다.

감정이라는 내 안의 문제와 상대방과의 관계 방식을 구별해서 생각해봅시다. 우선 내 안에서 생겨난 감정의 해결책을 배워볼까요?

반응하지 않는 것이 최고의 승리

헛된 감정을 방지하는 데, 가장 중요한 것은 처음부터 '반응하지 않는다'는 전제를 다는 것입니다. 반응하지 않기의 달인인 붓다에게는 이런 에피소드가 있습니다.

당시 인도에서 붓다는 깨달음을 얻은 자로 나날이 유명해졌습니다. 수백 명이나 되는 제자를 둔 사제 계급의 고명한 바라문조차 붓다의 제자가 되기도 했습니다. 인도에서는 예나 지금이나 신분제인 카스트가 절대적인 의미를 지니고 있습니다. 붓다의 카스트는 바라문보다 낮은 왕족과 무사 계급인 크샤트리아였습니다. 그런 붓다에게 최상위 카스트에 해당하는 바라문이 제자로 들어갔다는 것은 당시에는 상당히 충격적인 사건이었습니다.

어느 날 바라문 한 사람이 같은 집안의 바라문이 붓다의 제자가 됐다는 소식을 듣게 되었습니다. 자부심 강한 바라문에게 이는 허락될 수 없는 일이었습니다. 그는 엄청나게 흥분해서 붓다가 있는 곳으로 들이닥쳤습니다. 그리고 제자와 방문객이 잔뜩 모여 있는 데서 자신이 할 수 있는 모든 말을 총동원해 붓다에게 중상비방을 쏟아부었습니다. 주변에는 예사롭지 않은 긴장감이 감돌았습니다. 하지만 붓다는 당황한 기색 없이 침착하게 응수했습니다.

"바라문이여, 그대가 집에서 대접한 요리를 손님이 먹지 않았다면 그것은 누구의 것이 되겠는가?"

질문을 받은 이상 바라문도 대답하지 않을 수 없었습니다. 그는 "당연히 내 것이지"라고 대답했습니다.

"그대는 그 식사를 어떻게 할 것인가?"

"내가 직접 먹어야지"라고 바라문이 대답했습니다. 그러자 붓다는 이렇게 말했습니다.

만약 매도하는 자에게 매도를, 분노하는 자에게 분노를,
언쟁하려는 자에게 언쟁을 되돌려준다면
그 사람은 상대방에게서 식사를 받아들이고 같은 것을 먹은 셈이
된다.
나는 그대가 내어준 것을 받아들이지 않겠다.
이제 그대의 말은 그대만의 것이다.

그대로 들고 돌아가도록 하라.

여기서 식사가 의미하는 것은 바라문이 터뜨렸던 '비난의 말'
입니다. 만약 상대방의 말에 반응해서 대꾸했다면 자신도 똑같
은 반응, 즉 음식을 받아든 셈이 되고 맙니다. 따라서 '결코 받아
들이지 않겠다'는 말은 즉, 반응하지 않는다는 뜻이 됩니다.

붓다는 보통 사람이라면 화를 낼 법한 말을 들어도 무반응으
로 응수했습니다. 괴로움이 없는 마음을 향하는 것을 인생의 목
적으로 삼은 이상, 쓸데없이 반응해서 마음을 어지럽히는 일은
무의미하다는 것을 확실히 알고 있었기 때문입니다. '어떤 때라
도 결코 반응하지 않고 그저 상대방을 주시하고 이해한다.' 철저
히 그 입장에서 생각한 것입니다.

이런 붓다의 합리적 태도에서 우리가 배울 수 있는 것은 '반응
하지 않는 것이 최고의 승리'라는 이해입니다. 불교에서 말하는
승리란, 상대방에게 이기는 것이 아닙니다. 상대방에게 반응해
서 마음을 빼앗기지 않는 것입니다.

상대방의 마음은
상대방에게 맡긴다

앞서 언급한 에피소드에서 한 가지 교훈을 더 배울 수 있습니다. 바로 상대방의 반응은 상대방에게 맡긴다는 사고법입니다.

바라문에게는 자기가 더 높은 계급이라는 오만, 낮은 계급임에도 이름이 널리 알려진 붓다에 대한 질투, 붓다를 완전히 굴복시키겠다는 적의가 있었을 것입니다. 보통 사람이라면 바라문에게 '이 무슨 무례한', '그건 오해다', '그러는 당신은 어떻고?'라는 식으로 대꾸하고 싶어질 상황이지요.

사람들 사이의 다툼에는 항상 '만'과 '만'의 부딪침이 있습니다. 여기에는 '자신의 생각이 반드시 옳다'는 생각이 있지요. 그 생각을 밀어붙여 '내가 옳다'고 확인하려는 것이 바로 언쟁하는 사람들의 심리입니다.

그러나 붓다는 다른 사고법을 실천하고 있습니다. 우선 '옳음'의 기준은 저마다 다른 것이라는 사실을 받아들입니다. 옳다는 판단이 그 사람에게는 틀림없이 '옳은' 것이기 때문에 상대방의 주장을 부정하려 들지 않습니다. '내가 옳다고, 알겠어?'라고 억지로 설득하지도 않습니다. '당신에게는 그것이 옳은 것이군요'라고 그저 이해할 뿐입니다.

'그렇기는 하지만 시시비비를 가려야 할 때도 있다'고 생각할 수도 있습니다. 하지만 이는 뒤에서 다룰 상대방과의 관계 방식의 문제이기 때문에, 여기서는 우선 '반응하지 않는 마음 만들기'를 살펴보기로 합니다.

애초에 사람은 각각 다른 '뇌'로 생각합니다. 그러니 당연히 사고방식도 다를 수밖에 없습니다. 사람들은 흔히 상대방도 자신과 같은 생각을 갖고 있으리라 내심 기대하는 경우가 있는데, 이런 기대나 선입견은 망상에 지나지 않습니다.

게다가 '내가 옳다'는 마음에는 인정받고 싶은 욕심인 '만'도 항상 작용하고 있습니다. 따라서 다른 의견과 부딪치게 되면 자기 자신이 부정당한 기분이 들어 분노로 반응하게 됩니다. 그러니 자신감이 없는 사람일수록 화를 잘 내는 경향이 있지요.

이런 정신 상태는 '망상'과 '만'이라는 비합리적 발상에 사로잡힌 상태라고 할 수 있습니다. 리셋해서 올바르게 이해해봅시다. 바로 상대방의 반응과 나의 반응은 전혀 별개라는 것을 말이지요.

'상대방과 나의 반응을 구별해서 생각한다', '상대방의 반응은 상대방에게 맡긴다.' 이것이 바로 인간관계로 고민하지 않기 위한 기본적인 마음가짐입니다.

고민을 반으로
줄이는 방법

상대방의 반응을 상대방에게 맡긴다면 고민은 반으로 줄어듭니다. 그런 다음 반응하지 않도록 노력한다면 감정으로 고민할 일도 없어지겠지요.

그렇지만 아무리 노력해도 무심코 반응하게 된다고 말하는 사람도 있을 것입니다. 나도 모르게 울컥하면서 반격하고 싶어지는 것이지요. 그렇다면 어떻게든 반응하지 않는 요령은 없을까요?

이때는 마음 반쪽을 앞, 나머지 반쪽을 뒤로 향하도록 나누어 사용하는 방법을 권하고 싶습니다.

우선 마음을 앞과 뒤로 나눠보세요. 눈을 감고 '앞쪽을 향하는 마음'과 '내 마음의 안쪽을 살피는' 마음을 떠올려봅니다.

앞을 바라보는 마음은 말 그대로 상대방을 보는 데 사용합니다. 반응하지 않고 그저 받아들인다는 입장에 서보세요. 상대방과 마주했을 때, 그 말을 이해할 수 있는지 여부만이 문제입니다. 상대방이 하는 말을 알겠다면 알겠다고, 모르겠다면 유심히 듣거나 지금 당장은 이해하기 어렵다고 있는 그대로 받아들입니다. '저 사람이 하는 말은 전혀 모르겠어!'라는 생각이 들 때도 있을 것입니다. 다만 같은 언어로 말하는 이상, 적어도 언어적으로는 무슨 뜻인지 이해할 수 있을 것입니다. 혹시 이해가 되지 않는 이유가 내가 이해를 거부하고 있는 데 있지는 않은지 생각해보세요. 내가 옳다는 생각, 상대방이 어떻게 해줬으면 좋겠다는 기대나 요구, '그러고 보니 전에도 똑같은 말을 들었다'는 과거에 대한 망상이 머릿속에 소용돌이치면서 상대방을 있는 그대로 냉정하게 바라보지 못하는 것입니다.

'알고 싶지도 않다!'는 생각이 드는 상대방도 있을 것입니다. 부모 자식 간이라고 해도 그런 경우가 있을 수 있고, 일을 하다 보면 나와 잘 맞지 않는 상사를 만나게 될 수도 있습니다. 다만 그런 상대방일수록 냉정함을 유지하고 반응하지 않는다는 전제하에 "어떤 뜻인지 알겠습니다", "어떻게 하고 싶으신 건가요"라는 객관적인 시선으로 상황을 파악해야 합니다.

이때 뒤쪽을 향하는 마음으로 자신의 반응을 살펴봅니다. 분노를 느끼고 있는지, 과거를 되돌아보고 있지는 않은지, 긴장하거나 상대방에 대한 의심과 망상이 솟아나고 있지는 않은지를 살펴보는 것이지요.

그런 반응이 있는 것 자체는 당연한 일입니다. 다만 명심해야 할 점이 있습니다. 반드시 뒤쪽을 향한 마음은 자신의 마음 안쪽을 들여다보는 데 사용해야 합니다.

'선'의 세계에는 '부동심'이라고 불리는 마음이 있습니다. 이는 스스로 마음을 살피고 지켜보는 노력을 거듭해야 비로소 오를 수 있는 경지입니다. 애초에 마음은 마지막까지, 즉 죽음에 이르거나 수행의 최종 목표인 깨달음의 경지에 오를 때까지 끊임없이 움직입니다. 그러므로 마음이 움직이는 것은 당연한 일이지요. 그렇게 계속 움직이는 마음을 지켜보며 어떤 상태인지 제대로 알아차리고 그 이상의 반응을 멈추려고 노력해야 합니다. 그것이 부동심의 핵심입니다.

조금이라도 흔들리면 상대방에 대한 반응에 단번에 떠밀려 내려가고 맙니다. 그러고는 분노, 긴장, 불안, 공포, 의심, 기억, 망상, 슬픔과 같은 번뇌의 파도에 휩쓸리게 되는 것이지요. 울거나 남을 원망하고, '너무해', '까불지 마', '아, 너무 분하다' 등 우리가 익히 알고 있는 반응의 폭풍에 휘말리게 되는 것입니다.

따라서 처음부터 불쾌한 감정이 솟아나지 않도록, 될 수 있으면 반응하지 않도록 노력해야 합니다. 그것을 명심하면 점차 부동심, 즉 반응하지 않는 마음이 자라나게 됩니다.

지지 않으려 애쓰지 않는다

예전에 시내의 어떤 공원에서 노숙자들을 대상으로 하는 무료 급식 봉사활동을 돕던 때의 이야기입니다.

어느 날 아침, 봉사활동을 함께하는 직원들이 심각한 표정으로 저에게 달려와서 말했습니다. "행패를 부리는 남자가 있습니다!" 저는 서둘러 현장으로 향했습니다.

어떤 남성이 술에 취해 행패를 부리고 있는 모습을 200여 명이나 되는 노숙자들이 멀찍이 떨어져 구경하고 있었습니다. 그는 상하의 모두 새카만 운동복을 입고 있었는데 오른쪽 소매에는 빨간색으로 붓글씨가 적혀 있었습니다. 검게 그을린 피부에, 스포츠머리 언저리에는 짧게 들여 깎은 자국이 있었습니다. 첫눈에 보기에도 '그쪽 계통'의 사람이라고 알아볼 만한 모습이었습니다. 그는 갑자기 테이블에 준비해둔 커다란 카레 냄비 쪽으로 성큼성큼 걸어가서 "확 다 뒤집어 버릴까보다!"라고 소리쳤습니다.

저는 그 사람 앞으로 걸어갔습니다. 그는 저에게 눈을 부라리며 소리를 버럭 질렀습니다.

"어이, 스님! 지금 나한테 시비라도 걸겠다는 거야?"

"자, 이야기나 한번 해봐요"라고 저는 미소를 띠고 그에게 말을 걸었습니다.

"당신네들이 해주는 급식 말이야. 너무 위선적이지 않아?"

"위선일지도 모르겠군요."

"이 따위 걸로 당신네들이 대체 뭘 할 수 있다는 거야?"

"아무것도 할 수 없을지도 모르지요."

저는 절대 상대방을 부정하지 않고, 그저 이해하고자 노력했습니다. 그러는 사이 함께 일하는 직원의 신고로 경찰들이 도착했습니다.

"누가 경찰 불렀어!" 남자는 화가 나서 경찰들에게도 행패를 부리기 시작했습니다. 잠시 실랑이를 벌였지만 역시 경찰에게는 당해낼 수 없었습니다. 그는 팔을 붙들린 채 경찰서로 연행되었습니다.

그때 저는 그 사람과 경찰들 사이에 서서 이야기를 듣고 있었습니다. 발걸음을 옮기려던 그는 가만히 저를 바라보더니 이렇게 말했습니다.

"우리 엄마 말이야……. 교도소에 있어."

우락부락한 그의 가느다란 눈에서 눈물이 흘렀습니다.

"그렇군요. 면회는 가보셨나요?"

"아니" 떨리는 목소리로 그가 말했습니다.

"편지라도 보내보셨나요?"라고 묻자 그는 "까막눈이 뭔 글씨를 써"라며 소리 높여 흐느꼈습니다.

"알겠습니다. 그럼 제가 써드리겠습니다. 오늘 경찰서에서 돌아오면 같이 써보는 게 어떨까요?"

"써준다고?"라고 온순한 얼굴로 물었습니다. "하지만 뭐라고 쓰면 좋을지 모르겠어"라며 다시 훌쩍였습니다.

"낳아주셔서 감사하다고 쓰면 좋겠지요. 기다리고 있을 테니 같이 써봅시다."

그러자 그는 얌전히 경찰서로 연행되었습니다.

그날 밤 우리는 무사히 재회했습니다. 듣자하니 중학교도 나오지 못해 글자를 전혀 쓸 줄 모른다고 하더군요. 어머니와 아버지 모두 고달픈 삶을 살고 있는지, 벌써 20년 가까이 만나지 못했다고 합니다.

그는 폭력단의 하청 비슷한 일로 하루벌이를 하고, 술로 적적함을 달래며 피폐한 생활을 하고 있었습니다. 우리는 한밤중까지 많은 이야기를 나눴습니다. 그날 이후 우리는 친구가 되었지요.

그와 처음 대면했을 때 만약 제가 분노나 적의라는 감정으로 반응했다면 결과는 어땠을까요? 아마도 그의 진심어린 눈물은 결코 보지 못했을 것입니다. 지금도 그는 이따금 저에게 연락을 주는데, 지금까지 연결고리가 유지되고 있는 것은 역시 그때 붓다가 가르쳐준 '반응하기 전에 잠시 이해하라'는 태도를 관철했기 때문인 것 같습니다.

살다보면 벅차고 귀찮은 상대방과 조우할 때가 있습니다. 다만 만일 이쪽에서 상대방과 똑같은 반응을 돌려주면 상대방의 반응에 응수하는 셈이 됩니다. 이때 상대방에게 지지 않는 것이나 자기주장을 끝까지 고집하는 것은 중요하지 않습니다. 반응함으로써 자신의 마음을 잃어버리게 된다는 것을 명심해야 합니다.

나도 모르게 반응하는 상황에 처했을 때일수록 크게 숨을 들이켰다가 내뱉고, 각오를 다지면서 상대방을 그저 이해하기 위해 노력해봐야 합니다. 그리고 마음의 반쪽을 내 안의 반응을 들여다보는 데 사용하는 것입니다.

이는 결코 쉽지 않은 연습입니다. 그러나 내 마음을 잃지 않기 위해, 그리고 상대방과 서로 더 잘 이해할 수 있는 가능성 때문에라도 필요한 일입니다.

마음의 반쪽은 상대방에 대한 이해에, 나머지 반쪽은 내 마음 안쪽의 반응을 알아차리는 데 사용해보세요. 그리고 이를 상대방을 마주하는 방식의 원칙으로 삼는다면 좋겠습니다.

불편한 사람과
수월하게
관계 맺는 법

감정적으로 '반응하지 않는 마음가짐'을 이해했다면, 다음으로
는 상대방과의 관계를 어떻게 이어갈지 살펴봅시다.

'관계 방식'이란 어떤 마음을 상대방에게 향하게 할 것인지를
뜻합니다. 앞서 말한 사고법을 실천하면, 자신의 마음을 파악하
는 것은 물론 상대방에게 어떤 마음을 향하게 할지를 확립함으
로써 인간관계에 시달리지 않는 삶이 가능해집니다.

상대방을
판단하지 않는다

먼저 상대방과의 관계 방식에서 알아야 할 원리 원칙을 정리해봅시다.

- 상대방을 판단하지 않는다.
- 과거는 잊는다.
- 상대방을 새로운 사람이라고 여긴다.
- 서로 이해하는 것을 목표로 삼는다.
- 관계의 목적을 살핀다.

상대방을 판단하지 않는 것은 앞서 배운 '먼저 판단하지 않는다'는 원칙을 실천하는 것입니다.

우리 안에서 부정적 감정이 솟아났을 때, 우리는 상대방을 함부로 판단하려 듭니다. '정말 싫은 사람이다'라든지 '정말 제멋대로인 사람이다'라든지 '그 사람에게 질려버렸다', '매사에 의욕도 없고, 항상 똑같은 말만 반복해서 지겹다', '이제 안 보는 것밖에는 수가 없다'라며 상대방과의 관계에 대해 이것저것 결론을 내리고 싶어 합니다.

물론 그런 판단에 일리가 있을 수도 있습니다. 실제로 누가 봐도 어리석은 사람은 존재하는 법이니까요.

다만 이런 판단은 좀 위험하다는 생각이 들지는 않나요? 왜냐 하면 판단은 항상 자신의 인정욕구, 즉 '만'과 이어져 있기 때문 입니다. 상대방의 약점을 지적하고 '아, 곤란하네'라는 탄식을 함으로써 자신이 옳다고 확인하거나 상대방에게 우월감을 느끼 려 하지는 않았는지요.

마음속 깊은 곳을 주시하면서, 될 수 있으면 깨끗한 마음을 지 키려는 불교적인 삶의 태도에 비춰본다면 하지 않아도 될 판단 은 하지 않는 편이 좋습니다.

살아가면서 마음에 고민을 쌓지 않는 것이 가장 중요합니다. 어떤 큰 행복도 고민을 만들어내는 마음의 반응에 의해 엉망이 되기 때문입니다.

그렇다면 스스로 괴로움에 속박되게 만드는, 상대방에 대한 판단도 하지 않는 편이 좋습니다. 상대방을 떠올리며 '그 사람은 이래서 안 돼'라든지 '그런 성격으로는 분명 고생할 게 틀림없 어'라고 계속 판단하는 것은 스스로에게도 손해일 수밖에 없습 니다.

물론 상대방에게 미안한 일이기도 합니다. 그런 상태가 이어 지게 되면, 상대방과 서로 이해할 수 있는 가능성도 줄어들기 때 문이지요. 지금은 어려워 보일지도 모르지만 서로 이해할 날이 올 가능성은 항상 남겨져 있는 법입니다. 그러나 만약 상대방에

대한 판단, 단죄, 결론을 계속해서 내린다면 그 가능성을 죽이는
셈입니다.

판단에는 갖가지 단점이 있습니다. 나와 가깝고 소중한 사람
일수록 쓸데없는 판단은 하지 않는 것이 가장 좋습니다.

나는 어떤 것이 진리라고 말하지 않는다.
생각에 대한 집착을 그저 집착이라고 이해하고,
타인이 범한 과오를 과오라 이해하며 거기에 얽매이지 않는다.
나는 내 마음을 주시하며 마음의 평안과 청정을 지킨다.

과거의 기억을
상대하지 않는 법

또 한 가지 중요한 것은 과거에 속박되지 말고, 지난 일은 잊
어버려야 한다는 점입니다. 사람은 과거의 사건을 언제까지고
기억합니다. 게다가 상대방을 그 기억을 통해 대하려고 하는 경
향이 있지요. 하지만 그 기억은 '또야?'라는 반응과 함께 새로운
분노를 유발하게 됩니다.

그가 나를 매도했고 나를 부정했고 나를 굴복시켰고,
내 것을 빼앗았다고 계속 생각하는 사람은

기억에 얽매여 반응하고 분노하기 때문에

원망이 그칠 일이 없다.

과거에 속박되었다는 말은 기억에 반응하고 있는 상태를 말합니다. 여기는 중요한 대목이므로 반드시 이해하고 넘어가기 바랍니다.

예를 들어 상대방과 언쟁을 했다면, 맨 처음 분노 대상은 상대방일 것입니다. 하지만 그 상황이 끝나도 여전히 머릿속에서 상대방에 대한 생각이 떠나지 않고 답답하며, 개운치 않고 짜증이 난다면 그 원인은 상대방이 아니라 바로 내 안의 기억입니다. 과거를 떠올리고 기억에 반응하면 새로운 분노를 낳게 됩니다. 시간이 지나도 분노가 사라지지 않는 진짜 이유가 바로 이것입니다. 사실 그 분노에 상대방은 관계가 없습니다.

만약 이 책의 가르침을 실천해서 '반응하지 않기'의 달인이 될 수 있다면 어떤 싸움이 벌어져도 잠시 화장실에 들어가는 것만으로도, 혹은 상대방 등 뒤에 있는 벽을 쳐다보는 것만으로도 분노가 사라지게 됩니다. 엄청난 과장인 것 같지만 과장이 아닙니다. '반응하지 않는 연습'을 통해 적어도 집으로 돌아가는 길에 과거는 과거라고 결론짓고 마음이 개운해질 수 있습니다.

만약 싫은 기억이 되살아난다면 그 기억에 대한 내 반응을 살펴보기 바랍니다. 상대방과 헤어진 후에도 여전히 화가 가라앉지 않을 때는 '이것은 단지 기억이다', '내가 반응하고 있는 것이지 상대방은 관계없다'고 냉정하게 받아들이고 감정을 가라앉히는 데 집중해봅시다.

언제나 처음 만난 사람이라고 생각한다

'기억은 기억일 뿐이다. 지난 일을 떠올리더라도 반응하지 않는다.' 이는 불교를 통해 얻을 수 있는 최고의 지혜라고 할 수 있습니다. 상대방을 마주하는 또 하나의 지혜가 있습니다. 바로 상대방을 새로운 사람이라고 여기는 것입니다.

불교에서는 사람도 마음도 무상, 즉 변해가는 것이라고 파악합니다. 알기 쉽게 예를 들어볼까요? 지금 시험 삼아 눈을 감고 어떤 한 가지를 계속 생각해보세요. 진행 중인 업무든 앞으로의 계획이든 무엇이든 상관없습니다.

타이머로 5분을 정해놓고 그동안 조금 전 떠올렸던 한 가지를 계속 생각해보세요. 타이머가 울렸을 때 무엇을 생각하고 있었는지를 확인해보십시오. 아마 대부분의 사람들이 처음 시작했을 때와는 다른 것을 생각하고 있었을 것입니다.

심리학계의 일설에 따르면 놀랍게도 마음은 하루에 7만 개나 되는 상념을 떠올릴 수 있다고 합니다. 대략 1, 2초간 한 가지 생각을 떠올리는 꼴입니다. 마음은 이렇게나 빠르게 계속 회전하고 있습니다. 이는 마음이 무상하다는 말의 사례 중 한 가지라고 할 수 있겠습니다.

마음이 이토록 무상한데 사람은 오죽할까요? 우리들은 자기 자신도 상대방도 어제와 같은 사람이라고 생각합니다. 어제 만난 사람은 오늘 만나도 똑같은 사람이라고 생각하는 것이지요. 하지만 그 사람은 키나 몸집, 이름, 직업, 살고 있는 장소는 같을지언정 사실은 별개의 사람입니다. 그도 그럴 것이 그 사람의 마음이 변해 있기 때문이지요.

마음이 변했는데 어떻게 같은 사람이라고 할 수 있을까요? 우리들에게는 과거의 기억이 있고 '그 사람은 이런 사람이다', '나는 이런 사람이다'라는 판단도 있습니다. 그렇기 때문에 서로가 변하지 않은 '그 사람'인 상태로 관계하고 있습니다. 그러나 그런 생각은 선입견에 불과합니다. 관계를 지속하기 위한 일종의 암묵적인 규칙 같은 것이지요. 지금 현재 마주하고 있는 그 사람은, 다른 마음 상태를 지닌 별개의 사람입니다.

자기 자신의 마음조차 시시각각 계속 변합니다. 상대방도 마찬가지입니다. 사람은 서로 시시각각 계속 변하는 마음으로 인해, 언제나 새로운 모습으로 마주하게 됩니다. 이 사실을 이해했다면 이제 내가 마주하는 상대방은 항상 새로운 사람으로 받아들일 수 있어야 합니다. 상대방이 과거에 어떤 일을 했고, 어떤 말을 했다는 것은 그저 나의 집착일 뿐입니다. 사실은 내가 상대방을 '전혀 새로운 사람으로서 대하는 것' 또한 선택할 수 있기 때문이지요.

다음에 만날 때는 서로 새로운 사람을 만나듯 대하기로 두 사람 사이에 규칙을 정해두는 것도 좋은 방법이 될 수 있겠네요.

상대방과
서로 이해하라

그리고 상대방과 서로 이해하는 것을 최종 목표로 삼는 것도 중요합니다. 앞서 사람과 관계를 이어갈 때는 반응하지 않는 것이 중요하다고 배웠습니다. 하지만 그렇다고 상대방에게 무관심해야 한다거나 무조건 참아야 한다는 말이 아닙니다.

때로는 상대방에게 고통을 강요당하는 데도 그저 인내하는 사람이 있습니다. 상대방에게 폐를 끼칠 수 없고 관계를 무너뜨리고 싶지 않고, 분위기를 험악하게 만들고 싶지 않다는 착한 마음과 배려심 때문에 계속 참고 있는 것이지요.

하지만 여기서 알아둬야 할 점은 자신이 생각하는 '인내'가 정확하게는 상대방을 참는 것이 아니라 자신의 분노를 억누르고 있는 상태라는 것입니다. 이미 분노가 솟아났기 때문에 그대로 계속 인내하면 스트레스가 쌓여 점차 괴로워지고 맙니다. 이런 상황에서는 쉽게 우울해지기도 합니다.

이런 때야말로 마음의 반쪽을 상대방에 대한 이해에, 다른 반쪽은 내 마음 깊은 곳을 살펴보는 데 힘써야 합니다. 그리고 반응하려는 마음에 어떻게든 지지 않으려 노력해야 합니다. 서로 간의 이해, 즉 '이해의 공유'가 중요하다는 전제를 다는 것 또한 중요합니다. 자신의 감정, 생각, 의견을 상대방이 받아들일 수 있도록 해야 하는 것이지요. 사람과의 관계에서는 자신이 느끼고 생각하는 것을 제대로 전달하고 상대방의 이해를 얻는 것을 목적으로 삼아야 합니다.

만약 상대방이 전혀 이해하려 하지 않고, 내 말을 들으려 하지도 않는다면 그 사람은 이미 관계를 이어갈 의미가 없는 상대입니다. 어떤 관계이든 일방적으로 고통을 참아야 하는 관계는 존재하지 않습니다.

내 뜻을 전해서 상대방이 받아들여줄 가능성이 있다면, 오직 그 사람이 이해하게 만드는 것만을 목적으로 삼아야 합니다. 내 뜻을 전하고 설명하는 것입니다.

상대방이 어떤 행동을 그만두기 바란다면 그만두라는 뜻을 전합니다. 거기까지가 자신이 할 수 있는 범위의 일입니다. 자신의 뜻을 상대방이 어떻게 받아들일지는 상대방의 영역입니다. 우리는 그저 지켜볼 뿐입니다.

중요한 것은 '상대방이 나를 이해하는 것' 그리고 '서로가 이해하는 것'입니다. 서로 이해하는 데는 시간이 걸리는 법입니다. 서두를 필요는 없습니다. 언젠가는 서로 이해할 수 있다는 낙관과 신뢰를 갖고 상대방을 대해야 합니다. 신뢰한다는 것은 상대방과는 관계없는 일입니다. 이쪽의 선택일 뿐이지요.

상대방에 대한 감정은 서로 이해했을 때 제자리로 돌아올 수 있습니다. 그때 비로소 관계도 변할 수 있습니다.

어떤 관계를
맺고 싶은지 생각해본다

———

마지막으로 한 가지 더, 가끔씩 상기해주었으면 하는 것이 있습니다.

불교에서는 어떤 일을 결정할 때 흔히 방향성을 고려합니다. 이제부터 어떤 인생을 지향하고 싶은지, 상대방과 관계를 어떻게 이어갈지에 대한 방향성을 염두에 두고 생각하는 것입니다. 상대방과 서로 알아가는 것도 하나의 방향성이 됩니다. 상대방이 자신의 기분을 이해해줬으면 하는 것도 방향성이라고 할 수 있지요.

하지만 상대방과 서로 괴롭히고 증오하는 것을 방향성으로 삼아서는 안 됩니다. 그런 관계는 인생의 목적이 될 수 없습니다. 사람들 사이에 때로는 서로 괴롭히는 관계를 반복하게 되는 경우가 있습니다. 관계의 목적을 확인하려 하지 않고 그저 자신의 기대, 의도, 형편, 요구, 과거에 집착하면 자신이 옳고 상대방은 틀리다는 생각에서 빠져나오지 못합니다.

여기에서도 붓다가 말했던 '집착이야말로 괴로움을 낳는다'는 깨달음으로 돌아와야 합니다. 단지 말로만 이해해서는 안 됩니다. 서로 괴롭히고 있다는 사실을 실제로 느끼면서 눈을 떠야 합니다. 그리고 이렇게 다시 생각하기 바랍니다.

'우리는 서로 괴롭히기 위해 관계하고 있는 것이 아니다. 서로 이해하고 행복해지기 위해 관계하고 있는 것이다.'

일상을
즐겁게 만드는
감정의 원칙

감정에는 또 하나 중요한 원칙이 있습니다. 바로 쾌를 소중히 여기는 것입니다.

사람은 모두 행복해지고 싶어 합니다. 그런데 과연 행복이란 무엇일까요?

행복과 불행은 쾌와 불쾌라는 마음 상태에 따라 정의할 수 있습니다. 쾌快, 즉 기쁨이나 즐거움을 느끼는 마음 상태가 행복입니다. 불쾌不快, 즉 분노나 공포, 결핍감이나 불안 등을 느끼는 마음 상태가 불행입니다.

불교에서만 그렇게 보는 것은 아닙니다. 원시생물 중에는 먹이를 먹을 때(쾌)와 위험에 맞닥뜨렸을 때(불쾌) 각각 다른 색깔의 빛을 내는 생물이 있다고 합니다. 고등생물의 경우는 분비되는 호르몬이 달라집니다. 즉, 생물은 전반적으로 '쾌인가 불쾌인가'라는 반응의 세계를 살아가고 있다고 볼 수 있지요.

사람도 마찬가지입니다. 가장 순수한 감정을 가진 어린아이는 기분이 좋으면 웃고 기분이 나쁘면 웁니다. 결국 삶이란 쾌와 불쾌라는 반응에서 비롯되는 것입니다. 참고로 불교에서는 쾌를 즐거움[樂], 불쾌를 괴로움[苦]으로 표현합니다. 불고불락不苦不樂이라는 말도 있지요. 이 말은 쾌나 불쾌 어느 쪽도 아닌 상태를 뜻합니다.

다만 쾌도 아니고 불쾌도 아닌 상태는 인간에게 불쾌나 다름없습니다. 욕심에 사로잡힌 인간에게는 어느 쪽도 아닌 상태는 지루함, 즉 불쾌가 됩니다. 인간의 마음 상태는 양자택일입니다. 우리들의 인생은 쾌와 불쾌 두 가지 상태를 오가면서 나아가는 것입니다.

그렇다면 다음과 같은 생활 규칙을 정해보면 어떨까요?

'행복해지고 싶다면 쾌의 반응을 소중히 여기자. 불행해지고 싶지 않다면 불쾌한 반응을 하지 않도록 노력하자.'

욕심을 좇아도
괜찮을까?

———

그렇다면 쾌의 반응을 소중히 여긴다는 것은 구체적으로 어떤 것일까요?

생물은 욕구가 채워졌을 때 쾌를 느낍니다. 따라서 있는 그대로 욕구를 부정하지 않고 채워주는 것이 행복으로 가는 지름길인 셈입니다.

예를 들면 먹고 싶은 것은 맛있게 먹고 쾌적한 수면을 취하고 가족과 즐겁게 지내고 취미나 오락 등 오감의 쾌락을 소중히 여깁니다. '맛있고, 즐겁고.' 이런 기분 좋은 순간에 적극적으로 반응하기로 마음먹습니다. 이렇게 설명하면 '불교는 금욕을 장려하는 엄격한 종교 아닌가?'라고 의아해하는 사람이 있습니다. 마음을 깨끗이 하는 수행에 매진해 궁극의 평온함, 즉 마음의 반응이 소멸된 '열반'이라는 경지에 도달하고자 한다면 쾌나 불쾌를 포함해 일체의 반응을 해서는 안 됩니다. 분명 불교에는 그런 엄격한 면이 존재합니다.

그러나 그런 경지를 지향하는 것이 모든 사람의 공통적인 목표라고는 할 수 없습니다. 우리들의 공통 목표는 한 사람 한 사람이 괴로움에서 벗어나 각자의 행복에 도달하는 것입니다. 그 방향에 비춰 생각할 수 있게 된다면 그것으로 충분합니다.

욕심도
활용하기 나름이다

———

'나에게 쾌를 준다면 욕구도 소중히 해야 한다'고 생각하는 것이 가능하다면 인정욕구도 활용하기 나름입니다.

예를 들어 직장인의 경우를 생각해봅시다. '업무에서 좋은 평가를 받고 싶고 다른 사람들이 나에게 고마워했으면 좋겠고 칭찬받고 싶다'는 바람이 업무 의욕을 상승시킨다면 그런 욕구를 부정할 이유는 적어도 그 사람에게는 존재하지 않을 것입니다.

따라서 만약 여러분이 어떤 일에 도전하고 싶다면 그런 욕구를 소중하게 여기시기 바랍니다. 그런 동기가 가령 '돈을 벌고 싶다', '남보다 위에 서고 싶다', '경쟁에서 이기고 싶다'는 번뇌를 만들어낼지라도 그 과정에서 쾌가 발생한다면 많이 도전해보는 편이 좋습니다.

다만 여기서는 한 가지 조건이 따라붙습니다. 욕구를 만족시키는 것이 행복으로 이어지는 경우는 본인이 쾌를 느낄 때뿐입니다. 만약 욕구가 너무 커져 오히려 초조함이나 불안에 빠져서는 안 됩니다. '성과가 나지 않는다', '노력해도 인정받지 못한다' 등의 불만으로 변한다면 그런 욕구는 일단 떼어놓아야 합니다. 붓다의 사고법에서는 불쾌의 상태인 괴로움을 느끼게 되면 잠시 쉬었다가 다시 나아가야 한다고 말합니다. 늘 사람의 인생은 욕구에 사로잡혀 불쾌를 느끼는 모습과 쾌를 소중히 여기는 모습으로 나뉩니다.

욕구를 살아 있는 에너지로 바꾸어 쾌를 느끼는 삶의 태도는 합리적이라고 할 수 있습니다. 하지만 헛된 욕구에 손을 뻗었다가 그 욕구에 휘둘리며 불쾌를 떠안는 삶의 태도는 불합리한 것이지요.

사람은 누구든지 행복하게 살고 싶은 법입니다. 그렇다면 지금 자신이 쾌를 느끼는지 불쾌를 느끼는지를 잘 관찰해보세요. 만약 불쾌를 느꼈다면 마음의 반응을 처음으로 되돌려보면 됩니다.

솔직하게 느끼려고 노력한다면
늘 마음이 신선하다

마음의 반응은 당사자의 마음가짐에 따라 강해지기도 하고 약해지기도 합니다. 만약 여러분이 매일 쾌를 소중히 여기면서 즐거울 때는 '즐겁다!', 기분 좋을 때는 '기분 좋다!'고 솔직하게 느끼려 노력한다면, 좀더 확실하고 선명하게 쾌를 느낄 수 있게 됩니다. 행복도 마찬가지로 마음먹기에 따라 커질 수 있습니다.

저 또한 수행승으로서 매일 제대로 느끼고자 하는 마음가짐을 실천하고 있습니다. 전신의 감각, 발바닥의 감각, 그리고 들

숨과 날숨 등 온몸 구석구석에 의식을 두루 미치게 만드는 것이
지요. 그렇게 하면 지루할 틈이 없습니다. 언제나 마음을 신선하
게 유지할 수 있습니다.

쾌를 늘리고 불쾌를 줄여보세요. 그렇게 쾌적한 인생을 만들
어가세요.

4장

타인의 시선에서
홀가분해지는 연습

다른 사람의 평가는
중요하지 않다

누구나 다른 사람이 나를 어떻게 생각할지 신경 쓰일 때가 있습니다. 하지만 다른 사람의 시선을 신경 쓰다 보면 그야말로 삶은 피곤해집니다. 무엇을 하건 언제나 망설여지고 늘 초조하게 지내게 됩니다. 타인의 시선이 신경 쓰인 나머지, 긴장과 압박감에 시달리다가 중요한 순간에 실패하고 맙니다. 남이 무심코 던진 말에 깊은 상처를 입는가 하면, 시선이 마주치기만 해도 '나를 비웃나?' 하고 의심병이 도지기도 합니다.

　누구나 다른 사람의 시선 따위에는 신경 쓰지 않고 있는 그대로 행동하고 싶은 법입니다. 궁극의 자유인 붓다라면 다른 사람의 시선에 어떻게 대처했을까요?

타인의 시선이 신경 쓰이는 심리의 정체

왜 다른 사람의 시선을 신경 쓰게 될까요?

반대로 다른 사람 앞에서 안심할 수 있는 상황을 상상해보면 그 이유를 알 수 있습니다. 예를 들어 어떤 사람이 자신을 좋아해주고 높게 평가해준다고 믿는다면 안심할 수 있습니다. 다시 말해 타인의 시선이 신경 쓰이는 이유의 정체는 다름 아닌 인정 욕구입니다.

이야기를 하나 들려드리겠습니다. 다섯 형제 중 둘째로 태어난 사람이 있었습니다. 그는 자신이 형제들 중 어중간한 위치로 태어났기 때문에 어릴 적부터 부모에게 보살핌을 받지 못했다고 생각했습니다. 그 때문인지 주목받고 싶어 하는 마음이 강하고 패션에도 신경을 많이 쓰는 편이었습니다. SNS로 인맥 관리에도 힘써서 자타가 공인하는 사교가가 되었습니다. 그런데도 늘 '남들이 나를 어떻게 생각할까?' 하는 불안감이 마음에 가득했습니다. 어쩌다 그는 그런 불안감에 빠지게 된 것일까요? 그 원인은 역시 인정욕구에 있습니다.

사람에게 인정욕구가 있는 것은 당연한 일입니다. 문제는 인정욕구가 다른 사람을 신경 쓰는 상태로 변질된다는 데 있습니다.

① 인정받고 싶은 욕구가 있다.
② 그 욕구에 반응해서 남들이 자기를 어떻게 볼지 망상한다.

이렇게 생각하면 이유가 드러납니다. 즉 인정욕구가 만들어내는 망상이 바로 다른 사람에게 신경 쓰이는 심리의 정체입니다.
'직장에서 내가 어떻게 평가받고 있을까?', '미움받고 있는 것은 아닐까?', '이번 건으로 신용을 잃어버린 것이 아닐까?' 이런 불안은 모두 자기 평가에 대한 집착이 만들어낸 망상입니다.
망상이 넘치면 선입견이 됩니다. '미움받고 있고, 누가 몰래 비웃고, 남들이 내 험담을 하는 것 같다. 이유는 모르겠지만 다른 사람의 시선이 두려워 견딜 수 없다'고 말하는 사람이 있습니다. 주위 사람이 모두 적으로 보인다고 말하는 사람도 있습니다.
참으로 괴로운 상황입니다. 그 사람에게는 정말 그렇게 느껴지는 것이니 골치 아픈 고민이 아닐 수 없습니다. 이런 고민에서 빠져나오기 위해서는 어떤 생각이든 망상에 불과하다고 확실히 자각하는 요령이 필요합니다. 망상이라는 뇌의 불순물을 곧이곧대로 받아들이지 말아야 합니다.
망상에 대처하기 위해 몇 가지 알아둬야 할 방법이 있습니다.

우선 망상에는 끝이 없다는 점을 인식하는 것입니다. 아무리 최악의 내용이라도 망상에서는 아무렇지도 않게 떠오릅니다. 파렴치하거나 잔혹하거나 남에게 결코 말할 수 없는 몹쓸 망상이라도 뇌는 너무나도 쉽게 만들어내는 것이지요. 꿈에서도 마찬가지입니다.

애초에 뇌는 보고 들은 모든 정보를 반응의 기억으로 받아들입니다. 사실 보고 들은 것은 물론 미처 본인이 알아차리지 못한 것조차 뇌는 반응해서 기억으로 축적합니다. 수행 중에 고도의 집중 상태에 들어가면 이것이 보일 때가 있습니다.

더구나 각각의 기억은 복합적으로 결합하기 때문에 여태껏 본 적 없는 망상을 만들어내기도 합니다. 그때마다의 분노나 우울, 의심 등의 정신 상태가 작용해서 본래는 아무것도 아닌 일을 나쁜 쪽으로 해석하고, 선입견으로 만드는 경우도 있습니다.

예전에 불교 강좌에서 어린 시절 미아가 되었을 때 사고로 부모님을 잃는 허상을 보았다는 사람을 만난 적이 있습니다. 어머니에게 혼나고 나서 그날 밤 꿈에서 어머니에게 식칼로 살해당하는 허상을 봤다는 사람도 있었지요.

마냥 웃어넘길 수 없는 이야기지만 꿈이나 망상은 이런 엉터리 같은 생각을 자주 떠오르게 합니다. 요즘 같은 시대는 인터넷이나 각종 미디어 매체를 통해 온갖 번뇌를 자극하는 갖가지 영상이나 정보가 수없이 날아듭니다. 이렇게 무의식 속에서 기억된 마음에 입력된 반응은 예측하지 못한 형태로 머릿속에서 되살아납니다. 다만 그것들은 전부 망상입니다. 곧이곧대로 받아들일 가치가 없는 것이라고 처음부터 알아둬야 합니다.

망상은 망상에 불과합니다. 무엇이 떠오르든 반응하지 않겠다는 각오가 중요한 것이지요.

확인할 길이 없다면
놓아주자

또 한 가지 알아뒀으면 하는 것이 있습니다. 망상은 확인할 도리가 없다는 것입니다. 망상이나 꿈을 꾸면 '여기에 중대한 의미가 있는 것이 아닐까?', '뭔가 이유가 있기에 보인 것이 아닐까?'라고 생각하기 쉽습니다.

물론 거기에 의미가 있을 가능성은 부정할 수 없습니다. 다만 중요한 것은, 그것을 확인할 도리가 없다는 점입니다. 어떻게든 확인해보고 그것을 믿겠다고 생각한다면 망상의 영역에 발을 들여놓는 일이 됩니다. 그만큼 올바른 이해는 멀어지고 마는 것이지요. 사실 이것은 망상을 좇을지 올바른 이해에 머무를지 어느 쪽을 선택할 것인가의 문제입니다.

확인할 길이 없는 것을 어디까지 좇을지는 여러분이 마음먹기에 달려 있습니다. 다만 무엇보다 스스로 인생의 목적을 확실히 정하는 것이 중요합니다.

　망상을 좇는 것은 필요하지 않습니다. 자신의 마음을 잘 이해하려 노력하고, 합리적인 사고법과 이해 방식을 배워야 합니다. 여러분의 괴로움이 이번 생에서 생겨난 이상, 이번 생에 반드시 해결할 수 있다고 믿도록 해봅시다.

　다른 사람의 시선이 신경 쓰이는 사람은 망상을 그만두는 것이 최우선 과제입니다. 망상하는 버릇 자체가 다른 사람의 시선이 신경 쓰이는 고민의 원흉이기 때문입니다. 차라리 망상을 올바르게 마주하는 방법을 이번 기회에 배워보는 것은 어떨까요?

거슬리는
상대방과는
거리를 둔다

다른 사람의 시선이 신경 쓰여 견딜 수 없는 심리에는 특정 인물이 영향을 주고 있는 경우가 있습니다. 남의 시선이란 사실 한 사람의 시선일 때가 있지요.

그것을 이해하면 오랜 세월 나를 괴롭혔던 고민이 단번에 해결되기도 합니다.

왜 항상
짜증이 날까?

어떤 사람이 이런 고민을 저에게 털어놓았습니다.

"사람 상대하는 게 귀찮아서 견딜 수 없어요. 친구한테서 전화로 '요즘 잘 지내?'라는 말을 들으면 '좀 내버려 둬!'라는 생각부터 들어요."

이 사람은 병적으로 간섭하는 어머니 밑에서 자랐습니다. 어렸을 때부터 어떤 친구와 사귀는지, 뭘 배우러 다니는지, 옷 색깔이나 헤어스타일 심지어는 책을 꽂아두는 순서나 숙제하는 순서까지 확인하면서 간섭하려 들었습니다.

10대 무렵에는 자신의 생각을 어머니에게 전하려고도 했습니다. 그러나 어머니는 딸이 어떤 식으로든 자신의 의사를 표현하면 히스테리를 일으키며 손을 쓸 수 없을 만큼 난폭해졌습니다. 참기 힘들었지만 대학을 졸업한 후에야 겨우 부모님에게서 독립할 수 있었습니다.

그는 일은 참 잘 했지만 마음속으로는 항상 짜증을 냈습니다. 자신이 하는 일 하나하나를 주위 사람들에게 확인받는 기분이 들었던 것입니다. 겉으로는 웃고 있어도 내심 '아, 짜증나', '다들 귀찮아', '모두 사라져버려'라는 불만이 마음속에 소용돌이치고 있었습니다. 휴일이 되어서야 겨우 해방되는 기분이 들었고,

쉬고 싶기만 해서 주말 내내 이불 속에만 파묻혀 자곤 했습니다. 그럴 때 친구나 어머니에게서 전화라도 걸려오면 그것만으로도 쉽게 흥분상태에 빠지곤 했습니다.

이 사람의 스트레스는 일이나 인간관계가 원인이 아닙니다. 사실은 마음속에 항상 떠도는 어머니의 환영, 즉 어머니에게 간섭을 당했던 기억과 분노의 감정이 줄곧 그를 괴롭혔던 것입니다.

어제의 감정을
오늘까지 끌지 않는다

———

불교에서는 마음의 반응이 연쇄한다는 발상이 있는데, 예로부터 이를 '연기론緣起論'이라 불렀습니다. 마음의 구조를 이해하기 위해, 그 본질을 더 잘 떠올릴 수 있게 표현한다면 다음과 같습니다.

무명(몰이해)의 상태에서 마음이 반응한다.
자극을 접했을 때 마음이 반응해서 감정과 욕구, 망상이 결생結生한다.
결생한 생각에 집착함으로써 하나의 마음 상태가 생겨난다.
그 마음 상태가 새로운 반응을 만들어낸다.
그 반응의 결과로 온갖 고뇌가 생겨나는 것이다.

즉 첫째 '접하고' 둘째 '반응하기 때문에' 셋째 '감정, 욕구, 망상, 기억' 등 강한 반응의 에너지가 생겨납니다. 이렇게 강한 반응을 결생이라 표현하기로 합니다. 영어로는 마음 형성[mental formation]으로 번역할 수 있습니다. 이는 '기억에 남고', '표정이나 행동으로 표출되는' 강한 반응입니다. 그리고 이렇게 결생한 반응이 새로운 자극에 반응해 '같은 종류의 반응'을 만들어내는 순환이 이루어집니다.

예를 한번 들어볼까요? 만약 밖에서 안 좋은 일이 있었을 때, 그때 결생한 분노가 집에 돌아와서까지 남아 있다면, 사소한 일에도 가족들에게 심하게 화를 내게 될 것입니다. 만약 과거에 뼈아픈 좌절을 경험했는데 그때 결생한 분노가 아직까지도 남아 있다면, 일상생활에서 사소한 자극이 도화선이 되어 별안간 마구 화를 내게 될 수도 있습니다. 혹은 어렸을 때 학교에서 괴롭힘을 당했다면, 그때 결생한 기억의 영향으로 어른이 되어서까지 다른 사람 앞에 서는 것을 두려워하게 될 수도 있습니다. 이런 문제들은 결생한 마음에서 생겨나는 반응이 그 원인입니다.

앞서 이야기했던 여성의 이야기로 되돌아가봅시다. 어머니에게 과잉 간섭을 당한 기억이 그 사람의 인생에 강한 영향을 주었고, 그로 인해 축적된 분노도 있었습니다. 그렇게 결생한 기억과 분노가 일상생활 중에서 자극을 받자, 매사가 짜증나고 귀찮고, 모두 없어져 버렸으면 좋겠다는 생각을 만들어낸 것입니다. 이렇게 결생한 반응은 새로운 자극을 접했을 때 지뢰와 같이 작동합니다.

우리 주변에서 흔히 볼 수 있는 화를 잘 내거나 다짜고짜 신경질을 내는 사람, 쉽게 침울해지거나 대인공포증 같은 기질을 지닌 사람의 내면에는 결생한 반응이 있다고 볼 수 있습니다. 그렇다면 그 존재를 인식하는 것이 매우 중요해집니다. 일반적으로 카운슬링이나 약물을 이용해서 마음을 진정시키는 방법이 있는데, 결생한 반응이 원인이라면 그것만으로는 완전히 해결되기 어렵습니다.

그보다는 마음이 현재 상태에 이르기까지 과정이 있었을 것이라 이해하고 한 가지 반응의 배후에 있는 다른 반응에 눈을 돌려야 합니다. 예를 들면 '아, 과거의 분노가 아직 남아 있구나'라고 자각하는 것입니다.

마음에 남아 있는 과거의 반응을 자각하면 서서히 그 영향에서 벗어날 수 있습니다.

과거의 감정에서 벗어나는 세 가지 처방전

앞서 이야기했던 여성의 경우 어머니를 향해 결생한 분노와 기억이 고민의 진짜 원인이었습니다. 그렇다면 여기에서 세 가지 처방전이 나올 수 있습니다.

첫째는 제대로 알아차리고 반응하지 않는 것입니다. 만약 어머니에게 간섭당한 기억을 떠올렸다면 '이것은 기억과 환상에 불과하다'고 분명하게 입 밖으로 소리를 내면서 생각해봅니다. '기억, 기억, 기억에 불과하다'라고 알아차림의 말, 즉 라벨링을 되풀이하면서 그 반응에서 벗어나기 위해 노력해야 합니다.

결생해서 남아 있는 분노가 자기 안에 있음을 제대로 이해해야 합니다. '이런 생각을 하다니 부모님에게 죄송하다'고 죄책감을 갖거나 '내가 몹쓸 놈이다'라며 자기를 책망하기 쉬운데 그럴 필요는 없습니다. 내 안에 분노가 남아 있다고 그저 이해하는 것만으로 충분합니다. '아, 분노가 남아 있다. 오래된 분노가 아직 작용하고 있어'라고 인식하면 됩니다. 자꾸 분노가 치미는 것은 '마음의 버릇'이며 '마음의 병'이라고 결론짓고 그런 생각이 떠오를 때마다 알아차리면 됩니다. '알아차리는 것'은 반응에서 '벗어나는' 계기가 됩니다. 마음의 버릇이 앞으로 어디까지 등장할지 끝까지 함께 관찰해봅시다.

둘째는 앞서 소개한 '감각을 의식하는 방법'입니다. 신체 감각은 기억이나 감정과는 전혀 별개의 마음이기 때문에 의식을 감각 쪽으로 향하게 하면 반응을 리셋하기가 쉽습니다. 예를 들어 아이들은 화가 나거나 울고 있는 상태에서도 사탕을 주거나 흥미로운 오락거리를 찾으면 금세 기분이 좋아집니다. 감정에 반응하고 있던 마음이 감각에 대한 반응으로 전환된 상태인 것이지요. 어른들도 마찬가지입니다. 싫은 기억을 떠올렸거나 불쾌한 감정에 사로잡혀 있을 때, 의식을 신체 감각으로 향하게 하면 좋습니다. 밖으로 나가 걷거나 운동을 해도 좋고 목욕을 하는 것도 효과적입니다.

셋째는 반응의 원천을 차단하는 것입니다. 이야기 속 여성의 경우라면 간섭쟁이 어머니와 거리를 두는 것이겠지요. 가족이라는 관계는 결생한 마음을 오래 끌게 만드는 가장 큰 원인이 되기도 합니다. 관계 방식의 패턴, 즉 성격이나 역할이 서로 확립되어 있으므로 언제나 매번 익숙한 부모와 자식의 관계로 되돌아가 마주하게 되는 것입니다. 당연히 그 관계에 대한 반응도 똑같을 수밖에 없습니다.

이런 반응이 긍정적이고 쾌를 준다면 상관없지만, 부정적이고 불쾌한 반응을 자극하는 관계라면 골치가 아파집니다. 가족이라는 관계가 오히려 괴로움을 반복하는 원인이 되기 때문입니다. 평소에는 누구에게나 상냥하다가도 집에만 가면 스스로가 싫어질 만큼 성격이 고약해지는 사람도 있습니다.

만약 그런 관계가 고민을 오래 지속시키는 이유라면 단호하게 거리를 두어야 합니다. 더구나 결생을 강화시킬 만큼의 괴로운 관계라면, 우선 관계를 차단해보는 것도 옳은 방법이라고 할 수 있겠습니다.

좀처럼 이런 결단을 내리기가 쉽지 않은 사람도 있을 것입니다. 하지만 관계를 끊는다는 것은 관계를 재설정하는 데 필요한 과정이기도 합니다. 이상적인 것은 '과거의 기억'에도 '현재의 상대방'에게도 반응하지 않게 되기까지 물리적 혹은 시간적으로 거리를 두는 것입니다.

이때는 '언젠가는 서로 이해할 수 있겠지', '당장은 곤란하지만 그러는 사이에 해결될 수 있을 거야'라고 담대한 태도를 지녔으면 합니다. 사람의 마음은 끊임없이 변하고 상황도 이윽고 변하기 마련입니다. 우선 거리를 두고 생각해보세요.

이야기 속 여성은 깔끔하게 어머니와 당분간 연락하지 않는 길을 택했습니다. 결혼할 때쯤 관계를 다시 생각해보겠다고 말하는 여성의 밝은 목소리가 인상적이었습니다.

사람과의 관계에서 애정이 생긴다.
애정에서 고뇌가 생긴다.
애정에서 근심이 생긴다는 사실을 이해하고 무소의 뿔처럼 혼자서 가라.

비교에서 벗어나 나의 일에 집중한다

사실 자신의 일에 집중하는 것이 가장 중요하다는 점은 모두 알고 있습니다. 그러나 나도 모르게 남의 일이 신경 쓰여 정작 내 일에는 소홀해지기도 합니다. 그로 인해 고민하게 되기도 하지요. 특히 나도 모르게 남과 비교하는 것은 고민의 씨앗이 됩니다.

'남과 비교하지 말고 내 일에 집중하자.' 그런 결론을 내릴 수는 없을까요?

비교는
애초에 불가능한 것

사람은 어째서 남과 비교하고 싶어 할까요? 잡지에서 내 또래의 평균 연봉에 관한 기사를 접하면 안심이 되기도 하고 침울해지기도 합니다. 각계각층에서 활약하는 사람들의 기사를 보면 부담감이나 초조함을 느끼기도 합니다. 마음은 항상 바깥 세계를 향하고 직업, 지위, 수입, 외관, 학력, 평가 등 여러 가지 정보를 모으며 자신의 위치를 가늠하려 듭니다. 이 심리는 무엇에 기인하는 것일까요?

비교하는 목적은 한 가지입니다. 역시 인정욕구를 채워 안심하고 싶은 것이지요. '나도 꽤 괜찮은 사람이고, 나 정도면 나쁘지 않다'라고 생각하고 싶은 것입니다.

하지만 그렇다고 하더라도 만약 자신을 긍정하고 타인에게 인정받고 싶은 생각이 전혀 없다면 남과 비교하는 일에 마음을 쓸 이유는 없습니다. 아직 자신을 완전히 긍정하지 못하고 온전히 납득할 수 없기 때문에 자신의 가치를 확인하고자 비교하는 것은 아닐까요? '나 정도면 되었다'고 판단하고 싶은 것입니다. 그러나 비교라는 것은 사실 너무나 불합리한 사고입니다. 그 이유는 다음과 같습니다.

첫째로 비교라는 마음의 작용은 애초에 실재하지 않는 가상의 망상에 불과합니다. 따라서 실감할 수 없습니다. 둘째로 비교해도 상황은 바뀌지 않습니다. 따라서 시간이 흘러도 안심할 수 없습니다. 셋째로 비교를 통해 안도감을 얻고 싶다면 절대적으로 유리한 입장에 서야만 하는데, 실제로 그것은 불가능합니다. 따라서 항상 불만이 남게 됩니다.

　이렇게 보면 비교는 상당히 불합리하고 쓸모없는 사고입니다. 그럼에도 비교하고 싶은 마음이 드는 이유는 단적으로 말하자면 망상에 익숙해져 있기 때문은 아닐까요?

　망상하기는 쉽습니다. 게다가 우리는 망상에 익숙해져 있습니다. 현실은 바뀌지 않지만 비교하는 것이라면 금방 할 수 있습니다. 가끔은 우월감을 가질 수도 있지요. 따라서 나도 모르게 비교하고 맙니다. 즉 비교하고 있는 상태란, 망상과 같은 시간 때우기에 지나지 않습니다.

사람은 직접 경험한 훌륭한 성과만을 바라보며 나 이외의 사람을 열등하게 여긴다.
그것이야말로 괴로움을 낳는 집착이라는 사실을 현자는 이미 알고 있다.
나와 타인을 비교하며 동등하다고도 열등하다고도 뛰어나다고도 생각해서는 안 된다.
이것들이 새로운 괴로움을 낳기 때문이다.

욕심을
동기부여로 활용한다

비교가 인정욕구에서 비롯되는 망상에 불과하다면 빨리 손을
떼는 것이 정답입니다. 사실은 그 밖에도 해야 할 일이 있기 때
문입니다.

인정욕구를 채우고 싶다면 올바른 노력을 기울여야 합니다.
여기에는 세 가지 조건이 있습니다.

- 인정받고 싶은 기분을 동기부여의 기회로 삼고 현재 업무와
  생활을 개선해 나간다.
- 어떤 때라도 내 일에 집중한다.
- 스스로 납득할 수 있는 기준을 세운다.

여러분이 출가라도 하지 않는 이상, 인정욕구는 소중하게 여
기는 것이 좋습니다. '라이벌에게 지고 싶지 않고, 이겨서 자부
심을 지키고 싶다', '성과를 올려 높은 평가를 받고 싶고, 능력을
더 연마하고 싶다'는 생각이 활동하는 데 에너지가 되어 준다면
큰 힘이 되지 않을까요?

다만 그것은 동기부여로만 이용해야 합니다. 절대로 목적 그
자체가 되어서는 안 됩니다. 다른 사람이 인정해주는지 여부는

다른 사람이 결정하는 것이지 내가 컨트롤할 수 있는 것이 아니기 때문입니다. 다른 사람의 평가를 목적으로 삼는다면, 거기서부터 다른 사람의 시선이 신경 쓰이는 심리에 돌입하게 됩니다.

'인정받고, 평가받고, 성공을 거둔다.' 이것은 타인의 영역이며 아직 일어나지 않은 일입니다. 자신의 말과 이 순간의 생각, 지금 할 수 있는 일 이외의 것은 결국 모두 망상입니다. 붓다의 사고에서는 어떤 때라도 망상을 목적으로 삼지 않습니다.

'인정받을 수 있도록'이라는 말은 맨 처음의 동기부여 또는 마지막에 다다를 방향성으로서는 좋습니다. 하지만 우선 먼저 뭔가를 시작했다면 그 후에는 불교적인 발상으로 전환해봅시다. 바로 개선, 집중, 그리고 납득입니다.

의욕이 샘솟는
환경을 만든다

업무든 생활이든 뭔가 새로운 것을 시작했다면 그것을 통해 삶을 개선하겠다는 마음가짐이 필요합니다. 개선이란 불교적 관점에서 말하면 쾌를 느낄 수 있도록 궁리하는 것을 뜻합니다. 업무 진행 방식, 도구, 배경음악, 환경, 배색, 컴퓨터 소프트웨어나 휴대전화 앱, 인간관계 등 무엇이든 쾌를 느낄 수 있도록 개량하는 것이지요.

앞서 설명했듯이 마음은 쾌와 불쾌라는 양자택일의 반응을 합니다. 불쾌를 느낀 마음은 그 자리에서 도피하려고 하고 그것이 스트레스가 됩니다. 반면에 쾌를 느낀다면 마음은 그 대상에 집착하게 되는데 그것이 바로 의욕입니다. 그런 마음의 성질을 활용해 쾌를 느낄 수 있도록 환경을 개선하면 됩니다.

여기에서 좀더 깊게 파고들어 이야기해보면, 올바른 노력이란 '남에게 인정받기 위해'라든지 '성과를 올리기 위해서'와 같이 외부를 향한 목표를 추구하는 것이 아닙니다. 맨 처음 동기가 뭐가 됐든 일단 시작했다면 자기 자신 안에서 동기를 만들고 힘써야 합니다. 즉, 집중이나 충실감 등 마음의 쾌를 소중히 여기고 하나의 작업을 멈추지 않고 지속해서 실천하는 것입니다.

선사에서 행하는 작무作務란 마음의 쾌를 소중히 하는 실천의 정수입니다. 의미가 있는지를 따지는 것이 아니라 무심으로 힘쓰고 '충실감'이나 '마음을 갈고 닦는 상쾌함', '납득'을 얻는 것을 목적으로 삼습니다.

자신의 일에
집중하기 위한 순서

'자기 일'이란 자신에게 필요하고 도움이 되며, 혼자서도 할 수 있는 작업을 말합니다. 다른 사람의 시선이나 주변에서 하고 있는 일과는 관계없습니다. 올바른 노력이란 말하자면 바깥 세계를 잊고 자기 일에 집중하며, 그런 과정을 스스로 납득하는 것입니다. 이것이 성과를 가져다주는 것이지요. 자기 일에 집중하는 순서를 선禪의 지혜를 빌려 정리해보겠습니다.

먼저 눈을 감습니다. 이는 인생에서 기본으로 삼아야 할 중요한 마음가짐입니다. 우리들은 지나치게 바깥 세계를 신경 씁니다. 늘 바깥 세계에 마음을 빼앗겨 안절부절못하는, 침착하지 못한 상태가 됩니다.

사실 마음이라는 것은 뭔가를 접하면 반드시 반응하는 법입니다. 여러분이 생각하는 것만큼 마음은 강하지 않습니다. 밖을 걷다가도 반응하고, 남을 보다가도 반응합니다. 그리고 반응하면 갖가지 잡념이 쌓입니다. 마음은 원래 그런 것이라 받아들이세요. 처음부터 바깥을 보지 않고 남을 보지 않는 것이 최선입니다. 그러니 차라리 눈을 감아보라는 것이지요.

그런 상태에서 마음의 안쪽만 주시해보기 바랍니다. 그것이 내가 몰두해야만 하는 일, 즉 진정한 작업으로 향하는 출발점입니다.

눈을 감았다면 이번에는 마음 상태를 살펴봅시다. 내 마음을 들여다봄으로써 헛된 반응을 리셋하는 것입니다. 그 과정에서 피로, 스트레스, 불만, 긴장, 그 밖의 개운치 않은 잡념의 입자와 같은 것이 떠오를지도 모릅니다. 하지만 그것이 무엇이든 상관없이 그 상태 그대로를 인정해보세요. '음, 지금 내 머릿속은 이런 상태다'라고 객관적으로 관찰합니다. 그렇게 관찰하는 시간을 30초든 5분이든 직접 정해봅니다. 마음이 가라앉지 않을 때는 '타이머로 15분'을 재보는 것도 좋습니다.

눈을 감고 마음을 계속 살펴보세요. 그렇게만 해도 마음이 정화되고 침착해지는 것을 느낄 수 있습니다. 이렇게 헛된 반응을 리셋해주십시오. 마음을 고요하고 깨끗한 상태로 가져가는 것입니다.

시간이 되면 눈을 번쩍 뜨고 눈앞의 작업에 몰두합니다. 그때 초반에 전력질주를 하는 것이 중요합니다. 반응을 리셋했다면 그 기세를 몰아 작업에 전념해야 합니다. 그러다가 집중력이 떨어져 계속하지 못하겠다면 조금 쉬었다가 아까 했던 눈을 감는 부분부터 다시 시작해보세요.

이 방법은 붓다가 가르치는 팔정도八正道를 일상생활에 적용한 것이라 할 수 있습니다. 팔정도란 '목적을 성취하기 위해 빠뜨릴 수 없는 여덟 가지 항목'으로 붓다가 제시한 실천 메뉴입니다.

팔정도에는 정념正念, 정정正定, 정정진正精進이라는 것이 있습니다. 먼저 정념이란 제대로 알아차리는 것을 말합니다. 앞서 설명한 사티, 즉 감각을 의식하고 언어로 확인하는 마음 사용법입니다. 정정이란 한 가지에 집중하는 것을 말합니다. 정정진, 즉 올바른 노력이란 알아차리기와 집중을 계속하는 것을 의미합니다. 이 세 가지를 최대한 가동해서 선정禪定이라는 고도의 집중 상태로 가져가는 것이 명상 수행입니다.

이 세 가지 세트는 자기 일에 집중하는 일상생활에서의 마음가짐에도 사용할 수 있습니다. 이를 의식해서 정리한 순서가 방금 소개한 세 가지 단계입니다. 이 '집중 모드 만들기' 연습을 꼭 생활 속에서 실천해보세요.

먼저 눈을 감고 마음이 고요하고 깨끗해진 상태에서 '시작한다!'라고 선언한 다음, 최대한 유지합니다.

도움닫기로 멀리뛰기를 하듯 앞서 말한 세 단계를 통해 어디까지 나아갈 수 있는지 일상생활에서 꼭 시도해보기 바랍니다.

마음을 다해 몰두할 때
찾아오는 충실감

작업을 시작했다면 더는 남의 눈을 신경 쓰거나 바깥 세상에 한눈을 팔아서는 안 됩니다. 몰두하기 위해서는 다른 모든 감정, 마음에서 벗어나야 합니다. 모든 생각에서 벗어나야 하는 것이지요. 잠시 동안 한 가지 일에만 집중하고 마음을 다하는 것이 원칙입니다.

그렇게 함으로써 헛된 반응이 정화되고 마음은 점차 깨끗해지며, 집중에 의한 충실감과 기쁨을 얻을 수 있습니다. 작업을 다

마치고 나면 그 과정과 결과에 대한 온전한 '납득'만이 남지요.

그런 노력을 할 수 있다면, 이제 누구의 평가도 필요하지 않습니다. 집중하면 성과는 저절로 따라옵니다. 결과적으로 누군가에게 감사받을 일이 생기거나 칭찬받게 되는 것이지요. 그러나 자기 일에 몰두하는 과정 자체에서 이미 스스로 '납득'했기 때문에 남이 해주는 감사 인사나 칭찬 따위는 더 이상 큰 의미가 없습니다.

'내가 해야 할 일을 이해한다', '마음을 새롭게 해서 집중한다', '끝까지 해낸 후에 스스로 납득할 수 있는 결과를 낸다.' 그렇게만 해도 모든 것이 말끔하게 완결됩니다.

이제 다른 사람의 시선 따위 아무래도 상관없어진 것 같지 않나요? 내 마음을 주시하는 것만으로도 답을 얻을 수 있습니다.

5장

경쟁이라는 가짜 현실에서
벗어나는 연습

경쟁은
망상에 지나지 않는다

세상을 살아가면서 경쟁이라는 현실은 피할 수 없습니다. 게다가 승리를 지향하는 도중에 반드시 긴장이나 초조함, 질 수 없다는 압박감이 항상 따라붙기 마련입니다. 졌을 때는 패배감이나 열등감과 같은 부정적인 감정이 남습니다. 경쟁은 언제나 우리들을 괴롭힙니다.

경쟁 때문에 발생하는 고민을 해결하는 방법은 없을까요? 경쟁의 정체를 이해하고 올바르게 경쟁하는 방법을 알게 되면, 괴로움에서 벗어난 삶이 가능해집니다.

욕심에서 비롯되는
악순환

애초에 경쟁이란 무엇일까요?

마음을 살핌으로써 문제의 원인을 돌아보는 붓다의 사고법에 비춰보면 경쟁 역시 '바라는 마음'에서 비롯되는 셈입니다.

모든 생명은 욕심이 채워지기를 바랍니다. 욕심을 채워주는 뭔가를 손에 넣는 것이 우리가 살아가는 목적이라고 뇌에 입력되어 있는 것입니다.

그런데 생존에 필요한 음식, 주거, 의복과 같이 눈에 보이는 것만이 인간의 욕심을 채워주지는 않습니다. 그 사람의 인정욕구을 채워주는 상징적 기호, 즉 지위, 학력, 용모, 경력, 브랜드 등도 인간의 욕심을 채워주는 것에 포함됩니다.

하지만 이런 기호는 수량이 제한적입니다. 따라서 같은 것을 바라는 사람들 사이에서 쟁탈전이 시작됩니다. 쟁취는 곧 승리가 됩니다. 이것이 바로 경쟁의 시작입니다.

경쟁은 단순한 쟁탈에 그치지 않습니다. 사람에게는 더 유리하고 더 우월하고 남보다 위에 있는 자신의 모습을 지향하고 싶어 하는 '탐욕'이 있습니다. 탐욕은 게임을 끝내는 것처럼, 어느 선에서 딱 끊는 것이 불가능합니다. 마음속에 탐욕이 있는 한, 어떤 기호를 얼마나 더 손에 넣든 또 다른 승리를 원하는 마음이 자극되어 새로운 경쟁에 참여하게 됩니다. 자신의 가치를 더 높이고 싶고 이기고 싶고 남에게 더 인정받고 싶어집니다. 이렇게 인정욕구는 우리의 마음을 경쟁으로 내몹니다.

즉 경쟁이라는 심리의 근저에는 '뭔가를 손에 넣으면 욕심이 채워진다'는 원시적인 욕구와 '손에 넣은 것만으로는 만족할 수 없다'는 마음의 갈증인 탐욕이 존재합니다.

살아가는 한 욕심은 계속됩니다. 그렇게 욕심을 품은 채로 바깥 세계인 현실로 뛰어들면 마음의 반쪽은 자동적으로 끝없는 경쟁에 돌입하고 맙니다.

이겼다는 착각에서
벗어난다

이기고 싶다는 욕구 외에, 경쟁을 강요하는 세상의 구조도 경쟁을 심화시킵니다.

사람과의 관계에서 경쟁이 생겨나는 것은 피할 수 없습니다. 기업은 매출로 경쟁하고 개인들은 출세를 둘러싼 힘겨루기를 일상적으로 겪게 됩니다. 아이들조차도 어렸을 적부터 장난감 빼앗기를 비롯해, 성적이나 친구 수를 가지고도 경쟁합니다.

다만 사회에서 경쟁은 본래 필요 없는데도 의도적으로 만들어진 면이 다분합니다. 사실 애초에 필요 없던 가상의 경쟁에 내 의지와는 상관없이 언제부터인가 참여하게 된 경우도 존재합니다.

가상의 경쟁을 가장 쉽게 이해할 수 있는 사례가 공부입니다. 다들 경험했으리라 생각하는데, 특정 시기에 들어선 아이들은 자신의 가치에 상당히 민감합니다. 중학생이 되면 사춘기가 와서 마음이 불안정해지는 데다, 내신에 필요하다는 이유로 학교 성적에도 상당히 신경을 써야 하는 상황에 처합니다.

본래 지적 능력을 몸에 익히는 공부의 본질에 비춰보면, 시험 점수에 일희일비하기보다는 다른 것을 생각해야 합니다. 그런데 부모나 학교, 학원 선생 등 주위 어른들은 '봐, 이게 네 점수고, 등수고, 내신 등급이다'라고 가치를 측정하는 기준을 들이밀면서 아이들을 경쟁으로 몰아넣습니다.

그전까지 자신의 가치가 측정되는 기준을 생각해본 적이 없었던 아이들은, 이 시점에서 점수나 성적 등을 비교해 자신의 가치를 평가하는 판단 방법을 학습하게 됩니다. 따라서 아래와 같은 사고를 정립하게 되지요.

① 인정받고 싶은 마음이 있다.
② 인정받기 위해서는 성적을 올려야 한다.
③ 따라서 성적 향상을 목표로 한다.

예전에 여러분도 그랬을 테지만, 사실 대부분의 아이들이 이런 상황에 의문을 느끼게 됩니다. 성적 향상이라는 목표는 실체가 없는 완전히 가상의 것이기 때문입니다.

'왜 공부해야 하지?'라는 생각을 가진 아이들은 학교 공부가 그저 관념, 기호, 망상에 불과하다는 사실을 직관적으로 알고 있습니다. 공부가 딱히 재미있지도 않고 지적 욕구를 채워주는 것도 아닙니다. 쾌가 없는데 계속하자니 마음도 상당히 부자연스러워지는 것이지요.

그런데 아이들에게도 인정욕구가 있으므로 이 욕심에 반응해, '가치는 성적순이다'라는 가치관을 따르게 됩니다. 주변에 그런 가치관으로 판단하는 어른들뿐이다 보니 성적에 따라 우열과 승패가 결정된다는 가상의 판단이 실제로 존재한다고 착각하게 됩니다.

만약 붓다처럼 '깨달을 수 있는' 아이라면 그저 묵묵히 혼자만의 길을 갈지도 모릅니다. 하지만 어른에게 인정받고 싶은 마음으로 가득한 아이들은 '좋아, 나도 힘내야지'라며 있는 힘껏 노력합니다. 저도 모르는 새에 학력을 둘러싼 경쟁에 휘말리고 마는 것이지요.

이렇게 단순한 가치관이나 판단, 즉 망상이 경쟁을 만들고 있습니다. 앞서 말한 아이들 사이의 공부 경쟁은 점수라는 기호에서 가치를 보는 어른들이 만들어낸 착각의 산물입니다.

학교나 학원의 교사들은 아이들의 성적 향상으로 이익을 얻습니다. 부모는 자녀의 성적이 오르면 자존심(인정욕구)을 채울 수 있습니다. 과거에 얻지 못했던 승리를 자녀를 통해 손에 넣고 싶다는 바람이 있는 부모라면 더 그렇겠지요.

아이들 역시 공부에서 승리라는 가치를 보게 됩니다. 이기면 남들이 머리가 좋다고 인정해주니 자부심을 가질 수 있다고 생각하게 됩니다. 각자 '욕구의 만족'이라는 달콤한 꿀에 취해 공부라는 가상의 경쟁에 뛰어듭니다. 사람은 망상에서 빠져나올 수 없기 때문에 성적이라는 기호에 대한 집착도 버릴 수 없습니다.

늘 이기기만 하는 사람은 없다

예전에 저 또한 공부라는 가상의 경쟁 한가운데 있었습니다. 그곳은 공부로 자부심을 사수하는 사람들이 밀집된 공간이었습니다. 그곳에서는 스스로 만족하는 일이 결코 없습니다. 자부심을 지킬 수 있는 유리한 기호를 찾아서 그것을 손에 넣는 게임이 끝없이 이어집니다. 학부도 진로도 전부 자부심을 지키는 경쟁에서 이기기 위해 선택합니다. 사회에 나와 몇 십 년이 지나서 정년을 앞둔 시점에서도 계속 자부심에 집착하는 인생이 이어집니다.

가상의 경쟁에 한번 뛰어들면 빠져나올 수 없습니다. 좋은 성적, 뛰어난 머리, 승리, 자부심 모두 인정욕구가 만들어낸 망상에 불과한데도 거기서 빠져나오면 뒤처진다고 생각합니다. 그것이 싫기 때문에 언제까지나 계속 이기려고만 합니다.

당연한 말이지만 그곳에 속한 사람들은 한없이 남의 시선을 신경 쓰고 어딘가 겁먹어 보이며 마음의 갈증을 느끼는 것처럼 보였습니다.

> 이 세계는 투쟁과 언쟁과 걱정과 슬픔과 인색함과
> '내가 있다'는 자만과 오만과 중상비방에 흘려 있다.
> 이윽고 모두 상실에 도달하는 모습을 보고 나는 허무해졌다.

경쟁이라는 현실은 누구도 부정할 수 없습니다. 경쟁에서 진다면 불이익을 받기 때문에 가끔은 승리에 집착할 필요가 생길 때도 있습니다.

그러나 승리라는 가상의 가치에만 집착하면 끝없는 경쟁에 돌입하게 됩니다. 완전한 승리, 즉 평온은 어디에도 없습니다. 더구나 대부분의 사람은 필연적으로 패배를 맛보게 됩니다. 경쟁에 대한 발상을 전환하지 않으면 패배의 괴로움은 전 생애에 걸쳐 계속 따라붙을 것입니다.

인생은
양자택일이 아니다

'경쟁이라는 현실을 어떻게 마주할 것인가?' 이 질문 앞에서 많은 사람들이 다음 두 가지를 떠올립니다.

- 경쟁에 뛰어들어 승리를 목표로 삼고, 세상은 원래 그런 것이라고 결론짓는다.
- 경쟁에서 빠져나와 다른 삶을 지향한다.

'경쟁에 뛰어들 것인지 빠져나올 것인지 양자택일의 문제다.'

흔히 이렇게 생각하기 쉽지 않나요?

요즘은 승리와 성공의 철학, 또는 반대로 경쟁에서 빠져나와 자유롭게 살자는 메시지가 인기를 끌고 있습니다. 불교 교리 역시, 일반적으로 두 번째에 해당하는 '빠져나오기 노선'에 해당한다고 여겨집니다. 그런데 '마음먹기가 중요하다'는 붓다의 사고를 파고들다 보면 앞서 말한 질문 앞에 또 한 가지 물음이 있다는 사실을 알게 됩니다.

바로 '어떤 마음으로 현실 속을 살아갈 것인가?'라는 물음입니다. 즉 경쟁이라는 현실을 부정하지 않고, 오히려 그 속에서 내가 어떤 마음을 유지해야 할지를 확립하자는 사고입니다.

여기에서 제3의 선택지가 있다는 사실을 알 수 있습니다.

- 다른 동기부여를 통해 경쟁 속을 살아간다.

즉, 승리가 아닌 다른 동기를 목표로 삼아 경쟁 사회를 살아가자는 발상입니다. '이기느냐 지느냐'라는 양자택일의 가치관이 아닌 별개의 가치관을 지니고 경쟁 사회 속을 살아가는 것이지요.

마음이 지쳤을 때는
눈을 감는다

——————

　과연 별개의 동기나 가치관으로 경쟁 사회를 살아갈 수 있을지 의문이 들겠지만 붓다의 사고법을 따른다면 가능합니다. 다만 그러기 위해서는 스스로 경쟁이라는 망상 게임에서 우선 빠져나올 필요가 있습니다.

　예를 들어 이렇게 빠져나가는 방식이 있습니다. 어느 날 경쟁에 지쳤다는 사람이 선사를 찾아왔습니다. 그랬더니 한 선승이 이런 말을 했다고 합니다.

　"그렇다면 눈을 감아보십시오."

　실제로 한번 따라해봅시다. 눈을 감으면 눈앞에 암흑이 보입니다. 거기에는 승패를 판단하는 인간도, 세상도 존재하지 않습니다.

　암흑 속에서 자신의 생각이 떠오르는 것이 보이면, 그것이 어떤 생각인지 잘 살펴보기 바랍니다.

　'뭐야, 내가 질까보냐.'

　'이겨주겠어. 그리고 내 가치를 인정받을 거야.'

　'무시당하고 싶지 않아. 얕보이고 싶지 않아.'

　이런 생각이 부글부글 끓어오르는 것을 볼 수 있습니다. 승리를 향한 욕구, 자부심, 자존심, 허영심, 허세 등은 전부 마음속 암흑에서 생겨납니다. '뒤떨어지고 열등하고 쉽게 굴복하는 나에게 가치 따위는 없는 것이 아닐까' 하는 생각도 어둠 속에서 솟아납니다. 이런 생각을 다음과 같이 바르게 이해해보세요.

- 바라는 마음이 있다.
- 이기고 싶은 욕구가 있다.
- 이기느냐 지느냐 하는 판단, 타인과 나를 비교하거나 겨루려는 의식, 경쟁으로 내몰리는 마음이 있다.

그렇습니다. 지금 보이는 그 생각은 전부 망상입니다.
'이기고 싶다, 이겼다, 지고 싶지 않다, 졌다……..'
모두 망상입니다. 지금 떠오르는 망상이 바로 경쟁의 정체였던 것이지요.
이제 눈을 크게 뜨고 눈앞의 광경을 잘 살펴봅시다. 방안이든 바깥 경치든 상관없습니다.
그때 보이는 것은 빛(시각)입니다. 조금 전까지 뇌리에 떠올랐던 망상은 어디를 쳐다봐도 존재하지 않습니다. 그때 '뭐야, 지금 생각했던 것은 망상이었구나' 하고 확실히 느껴보기를 바랍니다.
우리들이 보통 실체가 있다고 믿는 것, 즉 승패나 우열을 겨루는 사회의 정보나 가치관 등은 엄밀히 말해 망상에 불과합니다. 망상은 뇌 속을 부유하며 '손에 넣어라. 반드시 이기고, 뒤처지지 말라'고 속삭입니다. 사람의 마음은 늘 그런 망상에 뒤덮여 있습니다. 사실 인간의 삶은 망상 속에서 잠들어 있는 상태와 다르지 않다고 생각할 수 있습니다.

'그렇다고 해도 다시 현실 속으로 돌아가야만 하지 않을까? 돌아가면 다시 경쟁에 휘말려버리지 않을까?'라고 불안해하는 사람도 있습니다.

그러나 그렇지 않습니다. 우리는 경쟁이라는 현실과 사회의 현실을 평소에 어떤 마음으로 마주하고 있었을까요? 바로 이것이 우리가 깨달아야 할 가장 근원적인 부분입니다.

바깥 세계는 둘째 문제고, 경쟁이라는 현실도 나중 이야기입니다. 그보다는 자신이 보이는 반응과 현재 마음 상태를 알아차리고, 어떤 마음으로 바깥 세계와 대치하고 있는지를 이해해야 합니다.

눈을 감아보면 거기에는 이기고 싶은 욕심이 만들어낸 망상밖에 없습니다. 망상을 알아차리고 우선 빠져나오는 것이, 경쟁에서 자유로워지기 위한 첫걸음입니다.

승패에 연연하게 될 때
눈을 뜬다

———

사람은 자신도 모르게 바깥 세계에 반응해서 이기고 싶은 욕구, 허세, 자부심에 스위치를 켭니다. 이기기 위해 사물, 재산, 평가, 학력, 자부심 등과 같은 기호를 손에 넣으려고도 하지요.

승리를 향한 욕구는 마음을 끝없이 몰아붙입니다. 이겼다고 생각해도 왠지 안심할 수 없습니다. 누구에게도 지고 싶지 않고 계속 이기고 싶어하는 자신을 발견하게 됩니다. 반대로 졌다고 생각하면 마음은 끝없는 미련에 사로잡혀 승리를 좇게 됩니다. 해가 거듭되어 그 경쟁이 아득히 먼 옛날의 일이 되더라도 '그때 이렇게 했다면 나도 이기지 않았을까', '이제부터라도 노력한다면 이길 수 있지 않을까'라고 망상합니다. 사람은 한없이 이기고 싶다는 꿈같은 욕심 속을 정처없이 헤매며 살아갑니다.

붓다라면 우리에게 '눈을 뜨고 제대로 살펴보라'면서, '그대로는 결코 만족할 수 없다. 만족하지 못한 채로 인생을 끝내는 것이 올바른 길이라고 생각하는가?'라고 물을 것입니다.

분명 사회 속에 경쟁은 존재합니다. 물론 승리를 바랄 수도 있습니다. 그러나 경쟁이라는 현실을 어떤 마음으로 마주할 것인지는 여러분의 선택입니다. 머릿속 가상의 경쟁에서 빠져나와야 합니다. 경쟁이라는 뇌 안의 망상에서 일단 깨어나는 것이 중요합니다.

그때 경쟁에 뛰어들지 빠져나올지, 혹은 다른 동기로 새롭게 살아갈 것인지 선택이 가능합니다. 진정한 승리, 곧 자기 자신을 '납득'하게 되는 순간은 그 다음에 열립니다.

외부 사회나 사람이 신경 쓰여 견딜 수 없다면 눈을 감으십시오. 승패나 우열, 열등이라는 판단이 괴롭다면 눈을 뜨십시오.

눈을 감는 것은 반응하지 않기 위해서, 눈을 뜨는 것은 망상에서 깨어나기 위해서입니다. 간단하지만 이것이 경쟁이라는 이름의 망상에서 벗어나기 위한 첫걸음입니다.

마음의 자유를 되찾기 위해 이를 실천해보는 것은 어떨까요?

마음 안쪽을 보지 않고,

바깥 세계에만 반응하는 사람은 욕망에 휩쓸린다.

마음 안쪽과 바깥 세계를 제대로 이해하여

번뇌에 뒤덮이지 않은 깨끗한 마음으로 보는 사람은 욕망에 휩쓸리는 일이 없다.

목표를 이루고 싶다면
'다섯 가지 장애'에
주의한다

승리를 지향하려는 것을, 모두 부정할 필요는 없습니다. 이기는 것을 지향하고 노력함으로써 자신뿐 아니라 다른 누군가가 행복해지는 불가사의한 일조차 이 세상에 존재하기 때문이지요. 다만 승리를 얻는 데는 '순서'가 있습니다. 우선 자신의 내면에서 확실한 승리를 얻어야 합니다.

붓다는 사람이 목적을 달성함에 있어 '다섯 가지 장애'에 주의하라고 말합니다.

도를 따르는 자여, 헤매기만 하는 자신의 마음 상태를 알아차려라.

거기에는 '다섯 가지 장애'가 있다.

즉 쾌락으로 흘러가는 마음, 분노, 무기력한 마음, 안절부절못하고 침착하지 못한 마음, 그리고 의심이다.

알아차려라.

이와 같은 마음 상태로는 매사를 제대로 이해할 수도, 올바르게 생각할 수도 없다.

고로 괴로움의 연쇄는 끝없이 계속되리라는 사실을.

우리들의 마음에는 늘 다섯 가지 장애가 있습니다. 일이 잘 풀리지 않거나 실패하거나 좌절하는 것은 대체로 다섯 가지 중 어떤 것이 원인이 됩니다. 따라서 붓다는 주의해야 한다고 말합니다.

인생의 발목을 잡는
요주의 리스트

여기서는 붓다가 지적한 다섯 가지 장애를 확인해보려 합니다.

먼저 '쾌락으로 흘러가는 마음'은 영상이나 소리, 냄새, 맛, 촉각 등 오감의 쾌락으로 흘러가는 마음을 말합니다. 텔레비전이나 만화, 인터넷, 맛있는 음식, 그 밖의 오락도 전부 여기에 해당합니다. 사실 이것들이 적당히 마음의 쾌를 얻는 데 필요하다면 문제가 없습니다. 하지만 중요한 작업 중에 나도 모르게 손이 가고 한 번 빠지면 몇 시간이 지나도 헤어 나오지 못할 만큼, 자신을 컨트롤할 수 없는 상태에 빠진다면 그야말로 쾌락으로 흘러가는 장애에 지배당하고 있는 것입니다. 이는 어떻게든 해결해야 합니다.

두 번째로 '분노'는 불쾌, 불만, 슬픔, 스트레스, 타인에 대한 악의 등 마음을 심란하게 만드는 감정입니다. 분노가 있으면 머릿속이 헝클어지고 짜증이 나며 일이 손에 잡히지 않습니다.

분노가 있어야 의욕이 생긴다고 말하는 사람이 가끔 있는데 이는 위험한 착각입니다. 분노로 쾌를 느끼는 사람은 어떤 상황에서건 쉽게 화를 낼 수 있기 때문입니다. 분노로 의욕이 생긴다고 말하는 사람은 아마도 이제껏 분노로 인한 실패를 거듭해왔으리라 생각합니다. 한 가지 착각하기 쉬운 것이 있습니다. 원래 의욕은 헛된 반응이 없는 집중 상태에 들어가기 위한 것입니다.

하지만 분노는 반응입니다. 마음에 헛된 반응이 없는 것과 분노라는 반응이 있는 상태라면 어느 쪽이 힘을 잘 낼 수 있을까요? 마음은 되도록 헛된 반응이 없는 깨끗한 쪽이 좋습니다. 이는 승리나 성공을 지향하는 데 있어서도 중요한 방침입니다.

세 번째로 '무기력한 마음'은 자고 싶거나 귀찮고, 편하게 있고 싶고, 일에서 손을 떼고 싶거나 피곤해서 기운이 나지 않는 상태를 말합니다. 이런 상태 역시 분명한 장애입니다.

의욕이 생기지 않는 이유를 일률적으로는 말할 수 없습니다. 다만 예를 들어 쉬는데도 의욕이 회복되지 않는다면 애초에 동기가 없거나 업무 내용이나 인간관계 등에서 쾌가 부족한 것일 수 있습니다. 앞서 설명했던 쾌를 소중히 여기고 개선하기 위한 노력을 평소 생활에 적용할 필요가 있습니다.

네 번째로 '안절부절못하고 침착하지 못한 마음'은 잡념이나 망상이 가득해 작업이 손에 잡히지 않는 상태를 말합니다. 이런 상태는 텔레비전이나 인터넷 게임, 음악과 같은 자극 또는 술, 담배, 스마트폰 등 '적당한' 반응에 너무 익숙해져서 발생합니다. 그렇다면 과감하게 자극을 줄이는 것부터 시작해보는 것은 어떨까요? 자극에 손을 대지 말고 바깥을 걸어봅시다.

다섯 번째로 '의심'은 자신이나 타인, 장래의 일을 좋지 않은 쪽으로 생각하는 마음입니다. 무엇을 하건 실패할 것만 같고 '나는 할 수 없다'는 자기 불신에 빠집니다. 모두들 나를 미워하는 것 같고 속고 있다는 의심도 듭니다. 미래에 대한 불안도 여기에 해당합니다. 이런 의심은 삼독으로 치면 망상에 해당합니다. 앞서 알려드렸던 사티(알아차림)를 실천해서 망상을 제거하는 것이 그 해결책입니다.

긍정적인 인생을
만드는 대처법

'다섯 가지 장애'로 인해 생긴 고민은 상당히 힘이 셉니다. 심정적으로는 이해했더라도, 멈출 수 없기 때문입니다. 이 다섯 가지 장애에 계속 지게 되면, 자기혐오가 심해지고 자존감마저 잃게 됩니다.

언제가 되었건 인생을 긍정적인 방향으로 향하게 만들고 싶다면 다섯 가지 장애를 이겨내야만 합니다. 어떻게 해야 이길 수 있을까요? 이 책에서 소개한 붓다의 사고법을 다섯 가지 장애를 이겨내는 방법으로 활용할 수 있습니다.

예를 들어 장애에 사로잡혔다면 되도록 반응하지 말고 '장애가 덮쳐 왔다'고 이해하는 것이 올바르게 상황을 이겨내는 방법입니다. 방향성, 즉 자신의 목표를 제대로 보고 '이런 것으로 지면 안 된다'라고 스스로 분발하는 것 또한 이기는 방법 중 하나입니다. 그 밖에도 다음의 마음가짐이 있습니다.

- 헛되이 반응하는 방향으로 도망치지 않는다.
- 쾌를 찾아낸다.

헛되이 반응하는 방향으로 도망치지 않는다는 것은 예를 들면 잠깐 틈이 났다고 텔레비전을 켜거나 인터넷을 하는 것과 같은 사소한 반응을 멈추는 것입니다.

불교에서는 이런 작은 반응을 '누출'이라고 표현합니다. 중요한 일로 마음이 향하지 않고 사소한 '마음 구멍'으로 반응이 밖으로 새어나오는 상태를 말합니다. 이렇게 사소한 누출이 거듭되면 성공 가능성 역시 멀어지게 됩니다.

물론 그저 즐기는 생활을 하고 싶다면 문제없습니다. 하지만 자신에게 중요한 목표가 있고 어떻게 해서든 결과를 내고 싶다면, 되도록 쓸데없는 반응으로 도망치지 않는 것을 수칙으로 삼아야 합니다. 헛되이 반응하는 행동으로 손을 뻗치고 싶은 욕구를 꾹 참아봅시다.

대신 감각을 의식하기 위해 약간의 여유를 가져봅니다. 아무것도 하지 않고, 신체의 호흡만을 느껴봅시다. 지루해진다 싶으면, 호흡을 느끼고 평온해지는 것을 맨처음 목표로 삼아보세요. 쾌를 찾아낸다는 것은 업무나 작업을 적극적으로 즐긴다는 뜻입니다. 일부러라도 쾌로 반응하고 즐기고 있다는 점을 힘써 의식하는 것입니다.

여기에서는 이 책의 주제인 '반응하지 않는 연습'과 정반대의 접근 방식을 취합니다. 욕심이나 분노, 망상과 같은 부정적인 반응에 대해서만 반응하지 않아야 합니다. 자신의 기분을 고조시켜 주는 쾌의 반응은 오히려 의식하면 할수록 좋습니다. '재밌

어', '힘내고 있어'라고 긍정적으로 반응해봅니다.

쾌로 반응하겠다고 다짐한다면 평소의 막연한 마음이 점차 후련해지고, 즐거운 마음으로 바뀌는 것을 느낄 수 있습니다. 크고 작은 장애에도 반응하지 않게 되는 것이지요. 꼭 실천해보기 바랍니다. 쾌의 반응은 마음가짐에 따라 늘어난다는 점을 기억하세요.

지금 내 모습은 좋고 나쁨으로 판단할 수 없다

———

'다섯 가지 장애'에 관해서 한 가지 더 알아뒀으면 하는 것이 있습니다. 인생은 다섯 가지 장애를 뺀 나머지라는 사실입니다. 그 나머지가 있는 그대로의 자신의 모습입니다.

간혹 자신의 인생은 실패의 연속이었고, 지금도 제대로 하는 일이 하나도 없다고 말하는 사람을 만나게 됩니다. 이야기를 들어보면 그의 머릿속에는 지금보다 더 성공하고 싶고, 이제부터라도 일을 잘 하고 싶다는 생각으로 가득합니다. 언뜻 의욕은 있어 보이지요.

하지만 그 사람의 생활을 살펴보면 쉽게 쾌락에 휩쓸리거나 편안함에 치우치고, 사소한 일로 화를 내거나 힘든 일을 내던지는 약한 모습을 찾을 수 있습니다. 본인이 그런 자신의 약함을 받아들이지 못하고, 자신은 더 할 수 있고 이런 사람이 아니라는 생각을 완전히 버리지 못하는 것입니다.

불교에서는 약한 마음과 장애에 굴복하는 마음을 있는 그대로 바라봅니다. 사람이기 때문에 약함이 있고 타협이 있습니다. 때로는 쾌락이나 나태로 흘러가는 경우도 있겠지요. 이는 사실이기 때문에 부정해도 소용이 없습니다. 진정한 자신이란 '노력하는 자신'에서 '약한 자신(다섯 가지 장애)'을 뺀 나머지입니다.

말하자면 '있는 그대로의 자신'은 사실 좋고 나쁨을 판단할 수 없고 해서도 안 됩니다. 당연한 말이지만 그 이외의 자신의 모습은 존재하지 않기 때문입니다. 본인의 망상 속에서만 좀더 잘 할 수 있는 자신이 존재합니다. 하지만 그런 망상에 집착한들 자신만 비참해지고 괴로울 뿐입니다.

그 누구도 부정할 수 없는 '있는 그대로의 나'는 반드시 존재합니다. 그런 자신의 모습을 부정하지 않고 있는 그대로 받아들이는 것이 정답입니다.

인생은 늘 이제부터가 시작입니다. 만약 아직 자신의 모습을 납득할 수 없다면 이제부터 자신을 높이고 성장시켜 나갑시다. 그때는 '다섯 가지 장애'에 발목을 잡히지 않도록 합시다. 이번에는 자기 자신에게 승리할 수 있도록 노력했으면 합니다.

인생은 '올바른 노력'에서 '다섯 가지 장애'를 뺀 나머지입니다. 거기서 남은 자신의 모습이 본인에게 있어 최선의 성과와 최고의 해답인 것이지요. 최선과 최고, 있는 그대로의 자신의 전력이 어디까지 향상될 수 있는지 이제부터 도전해봅시다.

마지막에는 자신의 모습이 어떤 것이라도 최선이라고 여기고 조건 없이 받아들여야 합니다. 어떤 때라도 자신을 긍정해야 합니다. 자신을 긍정하는 데 근거는 필요치 않습니다.

'내가 졌다'는
생각에서
자유로워진다

이기고 싶은 감정이 강할수록 졌을 때의 패배감과 마음의 고통은 극심해집니다. 그 때문에 시간이 흘러도 낙담, 실망, 부담, 좌절감에서 자유로워지지 못하는 사람이 많습니다.

애초에 승리도 패배도 없으며, 그런 생각은 욕심과 망상이 만들어낸 환상입니다. 그저 위로하는 말이 아니라 스스로 마음을 올바르게 이해했을 때, 비로소 명확하게 받아들일 수 있는 진실입니다.

질투는 현재진행형, 콤플렉스는 과거형

한 가지 사례로 질투와 시샘이라는 감정을 들어보겠습니다. 사람이 질투를 느낄 때는 자신보다 혜택받고 뛰어나고 성공한 상대에게 반응하게 됩니다. 유능하고 평판 높은 동료를 부러워하는 감정, 같은 또래가 활약하고 있는 모습을 보면 초조해지는 것도 상대방에 반응해서 생겨난 질투입니다.

질투는 눈에 보이는 상대방에 대한 '현재 진행형'의 감정인데, 자신의 패배가 확실해지면 부담, 콤플렉스, 복수심과 같은 '과거형'의 감정으로 변합니다. 어떤 형태이든 질투는 마음을 괴롭힙니다. 올바른 사고에 따라 질투라는 괴로움에서 빠져나와야 합니다.

질투라는 감정을 신경 쓰이는 상대방에 대한 집착으로 파악하면 흥미로운 이해를 도출할 수 있습니다. 집착에 관해 붓다는 다음과 같은 말을 남겼습니다.

사람은 세 가지 집착 때문에 괴로워한다.
바라는 것을 얻고자 하는 집착, 하지만 이루어지지 않는다.
손에 넣은 것을 언제까지나 계속 갖고 싶어 하는 집착, 하지만 이윽고 반드시 잃어버린다.

고통을 주는 것을 없애고 싶은 집착, 하지만 뜻대로 되지 않는다.

여기에서 질투는 세 가지 집착 중 두 가지에 해당한다는 점을
알 수 있습니다. 하나는 자신이 인정받고 싶은 집착입니다. 이
집착은 인정욕구에서 나옵니다. 또 하나는 주위에서 인정받고
있는 상대방이 차라리 사라지기를 바라는 집착입니다. 이것은
상대방에게 분노를 겨냥한 상태라고 할 수 있겠지요.

즉, 질투의 정체는 인정욕구가 채워지지 않는 데서 발생하는
분노를 상대방에게 향하고 있는 상태입니다. 질투란 삼독에서
말하는 분노의 일종인 것이지요.

질투라는 분노의 원인은 사실 상대방이 아닙니다. 만약 자신
이 똑같이 인정받고 있다면 질투에 사로잡힐 일이 없기 때문입
니다. 분노의 원인은 사실 인정받지 못하는 자기 자신에 대한 불
만에 있습니다.

그렇기 때문에 이 문제는 사실 상대방과 관계가 없습니다. 관
계가 없는데도 분노를 터뜨리는 것은 엉뚱한 화풀이인 셈이지
요. 짜증이 나니까 큰 소리로 아이를 야단친다거나 스트레스 해
소를 위해 남에게 일부러 행패를 부리는 등 곤란한 언행과 다름
없습니다. 이래서는 상대방만 딱해지는 꼴입니다.

질투의 근저에는 인정욕구가 있습니다. 그렇다면 인정욕구를
채우기 위해서는 어떻게 하면 좋을지, 자신이 인정받기 위해서

무엇을 해야 할 것인지를 살펴보는 것이 옳은 맥락이지, 불만을 상대방에게 향하는 것은 완전히 잘못된 사고일 뿐입니다.

지금 내가
할 수 있는 일에 집중한다

자신이 인정받기 위해서 할 수 있는 일과 해야 할 일을 하려는 태도는 앞서 살펴본 올바른 노력에 해당합니다. 바깥 세계에 눈 돌리지 않고, 자신의 안쪽에 있는 동기와 현재 자신이 지닌 능력 즉, 할 수 있는 일을 헤아리는 데서부터 시작해야 합니다.

자신이 지닌 능력, 즉 성격, 자질, 스킬, 재능, 경험 등이 남과 전혀 다르다는 사실은 분명합니다. 애초에 서 있는 자리가 다르기 때문에 질투 대상인 상대방과 똑같은 성과를 손에 넣을 수 있을 리 없습니다. 노력의 방법, 말하자면 걷는 길 역시 상당히 다를 것이기 때문입니다.

많은 사람들이 높은 성과를 올리는 사람을 자기도 모르게 눈여겨보고, 그 사람과 똑같은 방법으로 똑같은 성과를 올리기를 기대하며 망상합니다. 그러나 사실은 눈을 감고 자기 안쪽에서 독자적인 성과를 올리는 방법이 무엇인지 궁리해야 합니다. 쓸데없는 반응에 휘둘리지 말라는 뜻입니다.

질투에서 자유로워지는 것은, 우선 시선을 상대방에게 향한 상태에서 빠져나오는 것입니다. 상대방을 보지 않고 상대방은 관계없다고 여기고 분노에서 빠져나옵니다. 그 사람과 똑같은 성과를 손에 넣고 싶고 그 사람이 되고 싶다는 망상에서도 빠져 나옵니다. 그렇게 질투라는 감정에서 우선 완전하게 빠져나와 야 합니다.

그 후에도 만약 인정받고 싶다는 생각이 든다면 자신이 무엇을 할 수 있을지 지금 할 수 있는 일을 충분히 하고 있는지 아직 할 수 있는 일이 있지는 않은지를 고민해봅니다. 그러면 자신의 능력을 높이고 업무와 생활을 개선하는 쪽으로 마음이 향하게 됩니다. 이것이 선의 세계에서 말하는 각하조고脚下照顧, 즉 '자신 의 발밑을 보는' 삶의 태도입니다.

'발밑을 보고 할 수 있는 일을 계속하며 거듭 개선해나간다.' 이런 노력은 자기 안쪽만 살펴보고, 지금 서 있는 자리에서 시작 하면 되므로 매우 편하고 자연스럽습니다. 어느새 질투와는 인 연이 없어집니다. 노력하는 자신의 모습을 겸허하게 즐기면서 살아갈 수 있게 됩니다.

나에게는
다른 역할이 있다

현실 세계에서는 인정받을 수 있는 사람과 그렇지 않은 사람이 분명히 갈립니다. 공기나 햇빛과는 달리 사회적으로 가치가 있는 것은 숫자가 한정되어 있기 때문에 각자 다른 성적표를 받아드는 것은 피할 수 없는 운명이지요.

만약 뭔가를 지향하고 노력했는데도 성공할 수 없을 때는 어떻게 생각해야 할까요?

인정받는 것, 즉 승리와 성공에 집착하면 인정욕구라는 불만이 만들어낸 분노가 계속 이어집니다. 질투, 패배감, 콤플렉스, 복수심은 이런 집착이 만들어낸 괴로움입니다. 집착하더라도 의욕이 생기는 선까지는 상관없습니다. 그러나 만약 괴로움이 생기기까지 한다면 무언가 착각하고 있는 것입니다. 그렇다면 새롭게 사고를 구축해봅시다.

붓다가 가르친 '자애'라는 큰 전제 안에서 시작한다면 누군가에게 도움이 되는 쪽으로 생각하는 것이 기본입니다. 이바지하고 바람직한 공적을 이루는 것입니다. '자애'라는 말이 너무 거창하더라도 이바지하는 것을 기본으로 삼는 사고법은 대부분의 사람이 납득할 수 있지 않을까요?

이바지하기 위해 일을 시작하게 되면 동기를 가지면 '지금 이 자리에서 내가 할 수 있는 역할이 무엇인가'가 맨 처음으로 떠오릅니다. 그때 진정으로 나에게 딱 맞는 홀가분한 인생이 시작됩니다.

우리들은 지금까지 다른 사람과 똑같은 성공, 똑같은 승리를 바라며 똑같은 발상과 똑같은 삶을 지향해온 것은 아닐까요? 물론 그렇더라도 현재 자신에게 납득할 수 있다면 상관없습니다. 하지만 만약 현재 자신의 모습에서 원인 모를 결핍감을 느끼고 있다면, 아마 그 사고방식은 맞지 않는 것입니다. 거기에 집착할 필요는 없습니다. 자신을 부정하지 말고 사고방식을 바꾸면 됩니다.

예전에 자신이 지향했던 성공이나 승리를 손에 넣은 사람을 만난다면, 그 노력을 인정해줍시다. '자애의 마음'을 갖고 그 사람이 얼마나 노력해왔을지 느껴보는 것입니다. 그때 경의가 생겨납니다.

만약 상대방에게 질투 가득한 감정이나 부담감을 느꼈다면, 사고방식을 이렇게 전환해보세요.

'나에게는 다른 역할이 있을 거야.'

궁극적으로 인간의 모든 동기는 '이바지'입니다. 어떤 사람이든 도움이 될 수 있다면 그걸로 좋습니다. 이바지하기 위해 할 수 있는 일을 하면서 생활해보세요. 그 과정에서 정말 사소한 기쁨이나 즐거운 일을 매일 찾을 수 있다면, 그것만으로도 충분하지 않을까요?

사람은 모두 다르기에 비교는 불가능하다

사람은 모두 많든 적든 좌절과 실패를 경험하는 법입니다. 하지만 그런 과거의 실패를 이유로 '역시 나는 안 되는 인간이다'라는 믿음을 가질 필요는 없습니다. 사람에 따라 애초에 주어진 조건이 다르기 때문입니다.

태어날 때의 환경도 우연히 만나는 사람들도 성격이나 능력도 운이 따르는 타이밍도 모두 다릅니다. 마음의 반응 역시 뇌가 다르면 전혀 달라집니다.

내면 세계가 모두 다르기 때문에 말과 행동 같은 표현 방식은 물론, 인생 그 자체도 다릅니다. 인생은 근본적으로 사람에 따라 다릅니다. 그렇기 때문에 비교는 불가능합니다.

사람에 따라 다를 수밖에 없는 인생을 두고 성공한 사람, 실패한 사람으로 나누고 능력이 뛰어나다거나 떨어진다고 평하며, 상대방보다 내가 뭔가 부족하다는 생각을 하는 것은 잘못된 집착과 망상 때문입니다. 먼저 눈을 감고 내 안의 모든 반응에서 벗어나는 것이 정답입니다.

눈을 감으면 여러분의 마음을 괴롭히는 많은 자극을 몰아낼 수 있습니다. 그 순간 여러분에게 바깥 세계는 존재하지 않습니다. 마음 안쪽의 고요함과 평온함을 찾아보세요. 동시에 '자기만의 쾌'를 찾아봅시다.

그렇게 '세상에 있으면서 세상 때문에 괴로워하지 않는 삶'을 살아가는 것입니다.

도를 따르는 자여, 생각해보라.

파란색 연꽃, 빨간색 연꽃, 흰색 연꽃은 연못 바닥에서 생겨나 물 속에서 성장한다.

하지만 그들이 물 밖으로 나오더라도 물에 더렵혀지지 않는 것처럼,

도를 이룬 자는 이 세상에서 성장하고 살아가지만, 세상에 더렵혀지지 않는다.

6장

나를 피곤하게 만드는 것들에 반응하지 않는다

언제라도
돌아갈 수 있는
의지처를 만든다

사람은 항상 뭔가를 바라고 반응하며 괴로움 속에 살아갑니다. 만약 그렇게 채워지지 않는 인생에서 해방되어 치유와 납득을 얻고 싶다면 지금 자신과는 별개의 '의지처'를 마음속에 지닐 필요가 있습니다.

마음은 늘
채워지지 않는 법이다

———

우리는 모두 자신을 위해 열심히 살아왔을 것입니다. 누구든 자신을 불행하게 만들거나 잘못을 저지르겠다고 생각하며 살아왔을 리 없습니다.

그러나 문득 아무리 시간이 흘러도 이 정도면 됐다고 느낄 만한 평온함이나 스스로의 상황을 납득하는 데 도달할 수 없음을 알아차리게 됩니다. 마음은 늘 아직 뭔가 부족하다는 생각에 사로잡혀 있고, 왠지 항상 목마릅니다.

애초에 마음은 항상 방황하고 채워지지 않는 법입니다. 그런 성질을 처음으로 간파한 사람은 붓다였습니다.

모든 것은 불타고 있다.

보는 것은 불타고 있다.

보는 마음은 불타고 있다.

탐욕이라는 불꽃이, 분노라는 불꽃이, 망상이라는 불꽃이 타오르고 있다.

마음에는 고뇌, 쇠약, 상실, 근심과 슬픔, 아픔과 번민이라는 불꽃이 타오르고 있다.

여기서 '불탄다'는 표현은 말하자면 반응하고 있는 것입니다. 욕심과 분노, 망상으로 마음이 반응해 불타고 있습니다. 붓다는 그렇게 불타는 마음 때문에 사람은 언제나 고통에 발버둥 친다고 말합니다.

마음이 계속 반응하는 한 결핍감과 고뇌는 분명 계속될 것입니다. 마음의 갈증, 불만, 침울함, 막연한 불안, 자신을 받아들이지 못하는 마음, 삶의 고통은 '새로운 마음'을 갖지 않는 이상 치유 될 수 없을 것입니다. 우리들은 그 점을 알아차려야 합니다.

그렇기 때문에 마음에 확실한 '의지처'를 지녀야 합니다.

방황하는 인생에서
벗어나기 위한 '의지처'

'의지처'란 마음의 버팀목이자 토대가 되는 사고법입니다. 계속 반응하는 마음과는 별개로 오히려 마음에서 한 걸음 앞에 두어야 할 확실한 삶의 태도와 사고법입니다.

불교에서는 인간이 지향해야 할 올바른 삶의 태도를 가리켜 '담마'라고 부릅니다. 일상적인 언어로 법, 진리, 진실이라는 뜻입니다. 그리고 이러한 담마(가르침)에 따르겠다는 의미로 '담마에 귀의한다'는 표현을 사용합니다. 언뜻 종교적인 표현 같지만 내용의 본질은 더 깊은 곳에 있습니다. 바로 자기 마음의 토대에

'올바른 삶의 태도'를 놓겠다는 자기와의 약속과 다짐입니다.

　과연 지금 우리들의 마음에는 '올바른 삶의 태도'가 놓여 있을까요? '올바른 삶의 태도'란 예를 들면 아래와 같습니다.

- 반응하지 않고 올바르게 이해하는 것.
- 삼독 등 나쁜 반응을 정화해 마음을 깨끗하게 유지하는 것.
- 사람들과 인생의 행복을 바라는 마음으로 모든 일을 마주하는 것.

　이런 삶의 태도는 종교로서의 불교를 초월합니다. 이 세상을 살아가는 모든 사람에게 둘도 없이 소중한 마음가짐이자 보편적으로 올바른 삶의 태도인 것이지요. 믿을 필요도 없고 매달릴 필요도 없습니다. 나도 모르게 반응하는 내 앞에 두어야 할 마음의 토대이며, 의지처로서 존재하는 것입니다.

　사람은 마음에 '의지처'를 지님으로써 비로소 방황하는 인생에서 벗어날 수 있습니다.

　강물 속에서 발 디딜 곳을 찾지 못하면 사람은 떠내려가고 만다.
　발 디딜 곳을 찾아 거기에 서면 이제 떠내려갈 일이 없다.

스스로 믿고
의지하는 마음가짐

많은 사람은 '의지처'를 마음 안쪽이 아닌 세속에서 찾습니다. 예를 들어 돈, 사물, 쾌적한 생활, 세간에 칭송받을 법한 지위나 직업, 학력과 같은 기호를 의지처로 삼으려 합니다. 자신이 행복해지기 위한 해답은 세상 안에 있고, 따라서 노력해서 사회적으로 가치 있는 것을 손에 넣으면 분명 만족할 수 있으리라는 믿음이 있기 때문입니다. 하지만 생각해보면 그런 '바라는 마음'이 가져다준 것은 늘 '나에게 뭔가가 부족하다'는 마음의 갈증이었습니다.

사람에게는 본래 욕심과 분노와 망상이 있습니다. 어찌 보면 세상은 이런 인간의 번뇌를 교묘하게 자극하고 이용함으로써 돌아가고 있습니다. 그렇다면 그런 세상에서 해답을 구한들 결국은 욕심과 분노와 망상으로 반응할 뿐입니다. 따라서 사람은 바랐다가 실망하는 삶의 반복, 즉 마음의 윤회에서 빠져나올 수 없습니다. 그런 세상의 진짜 모습을 알아차려야 합니다.

매우 흥미로운 사실은 '나 자신'과 '올바른 삶의 태도'만을 의지처로 삼고 다른 것에 결코 의지하지 말라는 가르침을, 아이러니하게도 붓다 자신이 전하고 있다는 점입니다. 현대 불교에서는 사람들에게 붓다와 상가(성자들)에 대한 귀의를 요구하는데,

정작 붓다 자신의 생각은 달랐습니다.

말년의 붓다는 여행 도중 오랫동안 자신의 곁에 있었던 제자 아난다에게 이렇게 말했습니다.

너는 이제 아무것에도 의지할 필요가 없다.

이 세상에서 오로지 자신만을 의지처로 삼고 다른 무엇에도 의지하지 말라.

올바른 삶의 태도를 의지처로 삼고 변하는 것, 인간의 생각이나 말에 매달리지 말라.

뭔가에 매달리고 싶은 사람에게는 불안함을 느끼게 할 수도 있는 말입니다. 많은 사람들이 자신의 삶에 자신감이 없고 인생에는 괴로움밖에 없다고 여기면서 바깥 세계에서 구원을 바라기 때문입니다.

그러나 붓다는 바깥 세계에 해답이 없다고 말합니다. 이 세계에 넘치는 모든 기호, 가치관, 사상, 종교 모두가 인간의 마음이 만들어낸 것이지만, 정작 내 마음과 꼭 맞지는 않습니다. 때로는 그것이 자신을 구원하리라 느껴지기도 하겠지요. 하지만 자신이 지닌 마음의 어둠과 고뇌는 결국 스스로 뛰어넘는 수밖에 없습니다. 그러기 위해서는 자신의 마음 안쪽에 올바른 삶의 태도와 의지처를 확립해야 합니다.

인생이란 되돌아왔다가
다시 나아가는 것

여러분은 지금 끝이 보이지 않는 분주함, 빠져나올 수 없는 피곤함, 허무함, 어찌할 바 모르는 분노나 슬픔, 막연한 불안함, 나도 모르게 인생을 저주하는 생각 속에 빠져 있을지도 모릅니다. 세상에 홀로 떨어져 고독하게 숨 쉬고 있는 것처럼 느끼고 있을지도 모르지요.

그럴 때일수록 잠시 동안 눈을 감아봅시다. 호흡을 느끼고 어둠을 주시하기 바랍니다. 그때 보이는 것은 자신의 '마음'뿐입니다.

거기에 올바른 마음가짐을 올려 놓아봅시다. 예를 들어 감각을 느낀다는 '알아차림의 마음'이 있습니다. 힘을 빼고 편하게 들숨과 날숨을 느낍니다. '살아 있는 온갖 것이여, 행복해져라'라고 슬픔의 마음을 향해봅니다. 이런 마음가짐으로 몇 번이고 안식처로 돌아가봅니다.

나도 모르게 바깥 현실에 반응해서 괴로워질 때는 마음 안쪽에 있는 '성역'으로 돌아가 올바른 생각을 되짚어봅시다. 그렇게 조금씩 자신을 되돌렸다면 거기서부터 다시 바깥 세계로 향합니다.

진정한 인생은 돌아왔다가 다시 걸음을 내딛는 것의 반복입니다. 하루에 몇 번이든 몇 개월이든 몇 년이든 올바른 마음가짐으로 돌아오는 것, 거기서부터 다시 '살아'보는 것입니다.

그런 마음가짐이야말로 여러분을 행복으로 이끌어줄 수 있을 것입니다.

내일은 더
괜찮을 것이라는
기대감

붓다는 결코 어두운 미래를 망상하지 않습니다. 그렇다고 근거
도 없이 밝은 미래를 망상하지도 않습니다. 오히려 지금 할 수
있는 일을 소중히 여기며, 바람직한 지평에 도달할 수 있도록 밝
은 희망을 지니고 소망하자고 말합니다. 앞으로의 인생을 신뢰
한다는 마음 상태이지요.

원하는 대로
살 수 있는 사람은 없다

흔히 '마이너스 사고', '부정적인 사고'라는 말을 하는데, 붓다 역시 올바른 삶의 태도를 깨닫기 전까지는 매우 비관적이며 부정적인 사고로 고민한 적이 있었습니다.

아직 깨달음을 얻기 전 '고타마'라고 불리던 청년 시절 그는 이런 생각을 했습니다.

> 사치스러운 궁정 생활도 건강한 이 몸도 남들이 부러워하는 이 젊음도 대체 무슨 의미가 있는가.
>
> 육체는 병들고 늙고 언젠가 반드시 죽음을 맞이한다.
>
> 그렇다면 젊음도 늙음도 아니 살아 있는 것 자체도, 대체 무슨 의미가 있는 것인가.

고타마는 왕족의 후계자로서 상당히 호화로운 생활을 보냈다고 알려져 있습니다. 보통 사람이라면 고민할 일이 없을 환경이지요. 그러나 고타마 역시 다른 사람들과 마찬가지로 인생의 앞날을 상상했습니다. 그리고 지금 누리고 있는 생활의 모든 것을 이윽고 병과 노화와 죽음에 의해 잃어버릴 것임을 깨닫습니다.

'그렇다면 무엇을 위해 살아가는가?' 그것이 고타마의 의문이었습니다.

이때 고타마의 고민을 사람들은 두 가지 관점에서 해석합니다. 하나는 그의 고민이 지나친 생각이며 도를 넘는 비관적 사고라는 견해, 그리고 다른 하나는 과연 훗날 붓다가 되는 인물인 만큼 두뇌가 명석하며 현실을 제대로 간파했다는 견해입니다.

저는 두 가지 모두 올바른 견해라고 생각합니다. 보통 인간이라면 아직 손에 넣지 않은 뭔가를 좇는 도중에 인생의 끝에 도달하게 됩니다. 물질적인 쾌적함, 육체의 쾌락, 승리욕이나 자부심의 만족과 같은 작은 꿈을 좇다가 최후를 맞이하는 것이지요. 어떤 사람은 손에 넣었다가 잃어버린 것에 집착해서 미련이나 후회, 복수심을 품고 살아가는 경우도 있습니다. 이들 모두 '바라는 마음'에 인생을 바치게 됩니다.

그러나 고타마는 아무리 원하는 것을 손에 넣더라도 마지막에는 반드시 잃게 된다고 생각했습니다. 이것은 좋게 말하면 예리한 통찰이고 나쁘게 말하면 지나치게 극단적인 생각입니다.

어쩌면 궁정 생활에 매너리즘을 느꼈거나 단순히 기분이 울적했을 수도 있습니다. 그런 상황에서 뭘 하든 허무하다고 느끼는 것은 딱히 드문 일도 아닙니다.

다만 고타마의 경우는 고민이 시작되는 시점에서의 발상이 약간 달랐습니다. 비관할 수밖에 없는 현실 속에서 새로운 삶의 태도를 찾기 시작한 것입니다.

사람은 뭔가를 바라며 살아간다.

하지만 바라는 것에는 두 종류가 있지 않은가.

즉, 잘못된 것을 바라는 것과 올바른 것을 바라는 것이다.

잘못된 것을 바라는 것은 늙음과 병과 죽음이라는 '상실'에서 도망칠 수 없는 인간이기에 생겨난다.

누구라도 늙지 않고, 병들지 않고, 죽지 않는 것을 바라지 않겠는가.

올바른 것을 바란다는 것은 이런 잘못을 알아차리고 상실을 초월하여 인간적인 고뇌에서 떨어진 삶의 태도를 바라는 것이다.

지금의 나는 잘못된 것을 바라며 살고 있음에 지나지 않는다.

여기서 훗날 붓다 가르침의 본질인 '올바른 사고'의 일면을 엿볼 수 있습니다. 앞서 말했듯 올바른 사고 중 하나는 방향성을 본다는 사고법입니다.

일반적으로 사람은 젊음을 유지하고 싶고 건강하고 싶고 오래 살고 싶고 부자가 되고 싶습니다. 경력, 지위, 학력, 평판 등에서 타인에게 칭찬받기를 바랍니다. 이는 세속적인 가치를 손에 넣는 것을 방향성으로 삼은 삶의 태도입니다.

그러나 그런 가치들은 손에 넣을 수 있다고 단정할 수 없습니다. 손에 넣더라도 얼마 가지 못하고 이윽고 잃게 됩니다. '나'라는 존재 자체조차 죽은 지 수십 년 지나면 사회에서 잊혀지지 않던가요? 그런데도 손에 넣고 잃지 않기만을 한없이 바라며 살아갑니다. 고타마는 그것이 잘못된 것을 바라는 인생이라고 말합니다.

고타마의 천재성은 앞을 내다보았다는 데 있습니다. 삶의 태도를 의심하는 데 그치지 않고 괴로움으로부터 벗어난 삶의 태도를 찾으려고 한 것입니다.

괴로움에서 벗어난다는 것은 딱히 인생에서 빠져나온다든지 포기한다든지 사회를 부정하는 식의 마이너스적이고 부정적인 방향이 아닙니다. 사람이 모두 바라는 대로 살아갈 수 없는 현실 때문에 고민한다면, 그런 현실에 괴로워하지 않는 마음가짐을 지향하자는 것입니다.

내 안의 괴로움을
늘리지 않는 태도

———

고타마는 고민에 고민을 거듭하다가 스물아홉 살이 되던 해, 속세를 떠나기로 결심합니다.

이때의 생각을 그는 만년에 이렇게 되돌아보고 있습니다.

도를 따르는 자여, 나는 '선'을 구하고자 출가했다.

여기서 말하는 '선'이란 선하다고 생각하는 심경, 또는 의문이나 갈등에서 빠져나와 완전히 맑은 마음 상태를 의미합니다. 계속 고뇌하던 젊은 날의 고타마는 '괴로움에서 해방된 상태'와 '앞으로 지향해야 할 방향성'을 '선'이라는 말로 표현한 것입니다. 더욱이 원시불전에는 이런 말도 있습니다.

나는 늙어가는 마음을 늙음이 없는 마음으로 바꾸리라.
고뇌하는 마음을 고요한 마음으로 평온함으로 최고의 납득으로
바꿔 가리라.

'최고의 납득'이란 젊은 고타마가 구하고자 했던 '선'과 의미가 중첩됩니다. 고뇌에서 자유로워진 심경이라는 뜻이지요.

사람은 항상 뭔가를 좇습니다. 바라는 것을 손에 넣지 못하는 현실에 괴로워하고, 손 안에 들어온 것을 잃어버리는 현실에 괴로워합니다. 그러나 그런 현실 속을 살면서도 현실에 휩쓸리지 않는 마음을 가져야 합니다. 고뇌를 초월한 납득의 경지에 이르러야 합니다. '반드시 다다를 수 있다.' 이런 생각을 가져야 합니다.

납득이란 주관적인 것입니다. 우리들 스스로 '됐어'라고 생각하면 그것으로 끝입니다. 납득은 생각 하나로 달성할 수 있는 이상, 몇 살이 됐든 어떤 상황에 처하든 얻을 수 있습니다.

납득을 인생의 방향성으로 삼는다면, 그 다음은 시간을 투자

해 납득에 가까이 다가가기 바랍니다. 매일 반복되는 업무나 집안일도 자신이 납득할 수 있는 일을 기준으로 삼는다면 바깥 세계에 휘둘리는 일이 줄어듭니다.

물론 앞으로도 뜻대로 되지 않는 현실을 마주하게 될 것이고, 도통 이해되지 않는 사람과도 마주치게 될 것입니다. 그러나 그럴 때야말로 쓸데없이 반응하지 말고 눈을 질끈 감아봅시다. 그리고 마음을 주시하면서 올바른 마음가짐으로 돌아갑시다. 그렇게 하면 납득이 남습니다. 도중에 어떤 괴로운 생각이 떠올라도, 그 이후에 이어질 인생에서 납득할 수 있도록 다시 처음부터 시작하면 됩니다.

붓다의 가르침은 현실을 바꾸는 것이 아닙니다. 싸우는 것도 아니지요. 현실은 계속됩니다. 인생도 계속 흘러갑니다. 그렇게 매일 살아가면서 적어도 자기 안의 괴로움은 늘리지 말고, 납득할 수 있는 삶의 태도를 지니자는 것입니다.

우리들에게는 스스로 '최고의 납득'에 도달하기 위한 올바른 삶의 태도, 사고법, 마음 사용법이 필요합니다. 이는 현실 세계와 우리 인생을 어떻게 마주할 것인지에 대한 내면의 문제입니다. 자신의 삶에 그런 주체적인 의문을 가질 때 현실을 뛰어넘는 삶이 가능해집니다.

나는 올바른 사고를 하지 않았기 때문에 스스로를 꾸미고 언제나 동요하고 이리저리 방황하고 욕망에 농락당했다.

나는 붓다의 공들인 인도를 올바르게 실천하여, 한없이 바라고 방황하는 인생에서 겨우 빠져나왔다.

내 인생을
믿을 용기

'마음에 의지처를 가지는 것과 올바른 방향성을 직시하는 것.'
살아가는 데 이런 '도', 즉 삶의 태도를 확립하는 것이 무엇보다
중요합니다.

만약 '도'를 따를 수 있다면 인생에서 헤맬 일이 없어집니다.

이 길을 걸어가면 분명 납득에 도달할 수 있다는 믿음을 갖고,
자신의 인생을 신뢰할 수 있게 됩니다.

'나는 괜찮을 것이다'라고
믿는다

사람은 왜 고민에 지배당할까요? 뜻대로 되지 않는 현실이 분명히 존재하기 때문입니다. 불편한 상대를 마주해야 하는 순간도 있을 것이고, 누구에게나 내면적으로 약한 부분도 존재합니다.

하지만 어째서 그것이 괴로움이 될까요? 그것은 '나도 모르게 반응하는 마음'밖에 지니고 있지 않기 때문입니다. 나도 모르게 반응해서 화를 내고 욕망에 사로잡히며, 좋지 않은 망상을 떠올리게 됩니다. 그래서 스스로도 알아차리지 못한 사이에 온갖 생각에 집착하고 괴로워하는 것이지요.

집착의 근저에는 '나도 모르게 반응하는 마음'이 있습니다. 이런 마음을 불교에서는 오래 전부터 무명無明, 즉 보이지 않는 상태라고 불렀습니다.

'반응을 살펴보고 제대로 알아차린다.' 그렇게 헛된 반응을 하지 않고 반응을 해소할 수 있다면 사람은 괴로움에서 자유로워질 수 있습니다. 물론 살다 보면 예기치 않은 문제가 발생할 수도 있지만 괴로움은 이내 없어질 것입니다. 그런 인생을 가능하게 하는 것이 붓다의 지혜, 즉 올바른 이해와 올바른 사고입니다.

이 책의 주제는 그런 붓다의 지혜를 배우는 것입니다. 인간이 품은 어떤 고민과 괴로움도 분명 해결할 수 있습니다. 필요한 것은 해결 방법입니다. 그것이 바로 이 책에서 전하고자 하는 메시지입니다.

해결 방법이란 마음 사용법을 말합니다. 현재 자신의 마음을 올바르게 이해하고 괴로움이라는 반응을 리셋함으로써 홀가분한 삶으로 이끌어주는 사고법과 삶의 태도를 뜻하는 것이지요. 여기서 궁극적으로 말하고자 하는 것이 바로 그런 삶의 태도라고 이해해주면 좋겠습니다.

반응하지 않는 연습을 통해 마음 사용법을 익히면, 삶의 고비마다 올바른 삶의 태도로 되돌아와 다시 새롭게 발걸음을 내딛는 것이 가능해집니다. 가끔 제멋대로 약한 자신이 튀어나와 반응에 휘둘리고 다시 새로운 고민을 떠안게 되더라도 '올바른 삶의 태도'만 기억하고 있으면 안심입니다. 거기서부터 다시 시작하면 되기 때문입니다.

이런 삶이 가능해지면 인생에 희망이 보입니다. 자신의 인생을 신뢰할 수 있게 되는 것이지요. '분명히 나는 괜찮아' 하고 말이지요.

오늘을 잘
살아가는 것이 중요하다

————

　일찍이 붓다를 따르는 수행승 중에 비구니 한 명이 있었습니다. 세속에서 비구니는 하인과 눈이 맞아 유복했던 생가를 버리고 사랑의 도피를 했는데, 훗날 남편과 자식을 한꺼번에 잃는 비참한 일을 겪었습니다. 마음의 상처를 치유하고자 열심히 수행에 매진했지만 아무리 해도 과거가 자꾸 떠올라 괴로움에서 벗어날 수 없었습니다.

　어느 날 실개천에서 비구니가 발을 씻고 있을 때 물이 높은 곳에서 낮은 쪽으로 흘러가는 것을 보았습니다. 그때 한 가지 확신이 솟아올랐습니다.

　지금 나는 올바른 길에 있다.
　물이 일정한 방향으로 흘러가듯이, 내 인생도 반드시 고뇌에서
　벗어날 수 있다.

　비구니는 그 길로 수행을 거듭해 괴로움에서 해방될 수 있었습니다.

　여러분이 고민을 안게 되었을 때는 올바른 삶의 태도와 마음 사용법으로 되돌아가는 길을 생각해야 합니다. 과거나 타인을

원망해서는 안 되고 앞으로의 일을 나쁘게 상상해서도 안 되며, 자신을 책망해서도 안 됩니다.

'삶을 대하는 나의 태도에 잘못된 것은 없다. 여차하면 처음의 마음가짐으로 돌아오자.' 이처럼 생각할 수 있는 것이 최고의 해답입니다. 아직 거기까지 도달하지 못했다면 꼭 이 책에서 배운 가르침을 실천해서 자신의 '의지처'를 파악하기 바랍니다. 그 이상으로 고귀한 삶은 없기 때문입니다.

돌아가야 할 마음의 장소, 즉 의지처만 찾을 수 있다면 다음은 시간 문제입니다. 오늘을 잘 살아가는 것만 중요하게 여긴다면 분명 최고의 납득에 도달할 수 있습니다.

아아, 나는 겨우 물속에서 육지로 올라올 수 있게 되었다.
극심한 마음에 농락당하던 나는 이제 겨우 진실의 길에 다다랐다.

사람의 마음은 바깥 현실에 지배되지 않는 '행복의 성역'입니다.
이제 남은 것은 그 마음에 어떤 '생각'을 둘지 뿐입니다. 오늘부터 나를 피곤하게 만드는 것들에 '반응하지 않는 연습'을 시작해 봅시다. 모든 고민에서 벗어난 홀가분한 인생, 참 살만하지 않을까요?

스마트폰, 인터넷, SNS가 확산되면서 '타인의 반응'을 곧장 살펴볼 수 있는 시대가 되었습니다. 이로 인해 우리 삶은 편리해졌을까요? 오히려 주위의 평판과 상사의 평가 때문에 매사에 민감하게 반응하고 신경 써야 할 일이 늘어난 측면도 분명 존재합니다. 여기에 모든 현대인이 지닌 고민의 원인이 있지요. 《반응하지 않는 연습》은 원시불교의 가르침을 통해 현대인이 품은 이런 고민의 해결법을 명쾌하게 알려줍니다.

　불교는 기독교·이슬람교와 함께 세계 3대 종교로서 붓다(석가

모니)의 가르침을 따르며 수행하는 종교입니다. 다만《반응하지 않는 연습》에서 '불교'라는 용어는 단순히 종교의 한 종류라기보다는 좀 더 포괄적인 의미를 지닙니다. 저자 구사나기 류슌은 불교를 좀 더 나은 인생을 살기 위한 합리적인 방법, 즉 견해나 사고방식으로 새롭게 해석합니다. 예를 들어 타인과의 관계에서 가져야 할 '자비희사慈悲喜捨'라는 네 가지 기본 마음가짐, 인생의 행복과 목적을 달성하기 위한 '팔정도'라는 실천 메뉴가 곧 불교이지요. 따라서 이 책을 읽을 때는 불교를 전혀 다른 세계의 이야기 혹은 '이렇게 믿어야 구원 받는다'는 식의 종교로 파악하기보다는, 바르게 이해하고 실천함으로써 더 나은 인생을 만들어가는 데 필요한 '올바른 행동 지침서'라고 이해해야 바람직할 것입니다.

《반응하지 않는 연습》에서는 고민 해결을 위한 방법으로 '알아차림'과 '인정욕구'라는 두 가지 키워드에 주목하여 설명합니다.

원시불교의 핵심 수행법인 '알아차림'은 사티sati라는 팔리어를 번역한 말로, '지금 이 순간의 현상에 집중하여, 그것에 대한 어떤 판단도 하지 않으면서 지속적으로 알아차리고 그저 지켜보는 것'을 의미합니다. 즉 어떤 일이 생기더라도 그것에 관한 일체의 생각을 내려놓고 지금 하는 일에 더욱 집중하자는 것이지요.

제대로 알아차리기 위해서는 주위의 자극으로부터 생기는 반응을 있는 그대로 받아들이고, '좋다', '싫다'와 같은 판단을 하지 말아야 합니다. 판단으로 인해 탐욕과 집착, 분노와 같은 감정이 생겨나기 때문이지요. 요컨대 지금 자신 안에 생겨났다가 사라지는 모든 현상을 빠짐없이 제대로 알아차림으로써 집착과 같은 헛된 반응의 무상함을 이해한다면 속박에서 점차 벗어날 수 있습니다. '알아차림'은 괴로움에서 벗어나기 위한 방법으로써 붓다가 일러주는 가르침의 핵심입니다.《반응하지 않는 연습》에서는 일상생활에서 쉽게 실천할 수 있는 '알아차림'의 방법을 자세하게 다룹니다. 특히 본문 중에 소개된 '들숨과 날숨의 알아차림'은 '출입식념出入息念'이라고 해서 붓다가 세상의 본질을 바로 보기 위한 입문 단계로서 강조하기도 한 수행법입니다.

한편 '인정욕구'는 심리학에서 말하는 '인정받고 싶은 욕구'를 뜻합니다. 불교에서는 넓은 의미에서의 '바라는 마음'을 '갈애'라고 표현하는데, 이는 목마름, 불만족감, 채워지지 않는 마음이라는 뜻입니다. 원시불교로 현대 사회를 비춰 본다면 현대인에게는 '갈애'가 곧 '인정욕구'이며 이것이 온갖 고민거리의 근원이 됩니다. 인정욕구 때문에 사람들은 승패와 우열에 집착하고 그것이 곧 고민과 괴로움의 원인이 되기 때문이지요.

그렇다면 우리는 인정욕구를 어떻게 이해해야 할까요? 고민거리의 근원이므로 없애야 할까요? 하지만 붓다는 인정욕구를 부정하지 않습니다. 인정욕구를 부정하면 오히려 억압이나 불만과 같은 새로운 고민이 생겨날 우려가 있기 때문이지요. 또한 인정욕구 자체가 새로운 동기부여가 되는 경우도 분명히 존재할 수 있음을 지적합니다. 따라서 붓다는 인정욕구를 부정하는 대신 '있는 그대로 이해한다'는 입장을 취합니다. 그리고 이는 앞서 설명한 '알아차림'이라는 개념과 연결됩니다. 책은 인정욕구로부터 고민이 생기는 메커니즘과 그 해결법을 자세하게 설명하고 있습니다.

《반응하지 않는 연습》에서는 붓다의 깊은 통찰과 깨달음이 응축된 초기 경전의 경구를 다양하게 인용했습니다. 초기 경전은 붓다가 입멸한 후 그의 가르침과 계율을 제자들이 결집結集함으로써 정리된 것입니다. 결집은 편집이나 편찬과 비슷한 뜻인데, 오늘날처럼 문자를 사용하는 것이 아니라 제자들이 한데 모여 외우고 기억하는 형식으로 이루어졌습니다. 따라서 쉽게 기억하기 위해 반복적으로 되풀이해 암기하는 방법을 택해야 했지요. 본문의 곳곳에 등장하는 표현 방식은 우리에게 다소 낯설게 느껴질 수도 있습니다. 하지만 초기 경전은 붓다의 모든 가르침을 구체적이고 탁월한 비유로 제시함으로써 우리의 이해를 돕습니다.

본문에 인용된 경구를 우리말로 옮길 때는 모든 독자가 최대한 쉽게 이해할 수 있도록 난해한 용어와 종교적 색채를 덜어내고 자연스러운 일상어를 사용하고자 했습니다. 따라서 국내에 이미 발간된 경전 번역본과 비교했을 때 표현과 해석 방식 등에서 약간 차이가 있을 수 있음을 밝혀둡니다.

부디《반응하지 않는 연습》이 지금 여러분이 품고 있는 고민을 말끔하게 해결해주는 처방전, 나아가 더 나은 삶을 살아가기 위한 이정표가 되기를 바랍니다.

| 본문에 인용된 경전의 한국어판 |

《마하박가》,최봉수 옮김,시공사,1998
《상윳따 니까야》,각묵 옮김,초기불전연구원, 2009
《숫따니빠따》,일아 옮김,불광출판사, 2015
《법구경: 담마파다》,전재성 옮김,한국빠알리성전협회,2008
《사십이장경》,송영준 편역,부다가야,2011
《우다나: 감흥 어린 시구》,전재성 옮김,2009
《붓다의 마지막 여로》, 하야시마 쿄쇼 편역, 강기희 옮김, 민족사,1992
《비구의 고백 비구니의 고백》, 하야시마 쿄쇼 편역, 박용길 옮김,민족사,1991
《앙굿따라니카야》,전재성 옮김,한국빠알리성전협회,2007
《맛지마니카야》,전재성 옮김,한국빠알리성전협회,2009

나를 피곤하게 만드는 것들에
반응하지 않는 연습

초판 1쇄 발행 2016년 5월 12일 초판 27쇄 발행 2024년 8월 21일

지은이 구사나기 류순 옮긴이 류두진
펴낸이 최순영

출판2 본부장 박태근
W&G 팀장 류혜정
디자인 이세호

펴낸곳 ㈜위즈덤하우스 출판등록 2000년 5월 23일 제13-1071호
주소 서울특별시 마포구 양화로 19 합정오피스빌딩 17층
전화 02) 2179-5600 홈페이지 www.wisdomhouse.co.kr

ISBN 978-89-6086-936-3 03320
      978-89-6086-956-1(세트)